HEYNE
BÜCHER

HEYNE KOCHBÜCHER

HANS BERNERT

Von Tafelspitz bis Topfenknödel

DIE NEUE WIENER KÜCHE

Originalausgabe

WILHELM HEYNE VERLAG
MÜNCHEN

HEYNE-BUCH Nr. 07/4415
im Wilhelm Heyne Verlag

Ich danke den acht Küchenchefs und dem Chefpatissier
der Betriebe mit der »Neuen Wiener Küche«, von denen sämtliche
Rezepte in diesem Buch stammen.

Umschlagbild: Fotostudio Teubner, Füssen
Innenbilder: Ernest Richter, Wien
Umschlaggestaltung: Atelier Ingrid Schütz, München
Printed in Germany 1984
Satz: Schaber, Wels
Druck und Bindung: Ebner Ulm

ISBN 3-453-40399-1

Inhalt

Abkürzungen und Erklärungen:

EL = Eßlöffel
TL = Teelöffel
g = Gramm
l = Liter
dl = Deziliter (1/10 Liter)
cl = Zentiliter (1/100 Liter)
NWK = Neue Wiener Küche

Alle Rezepte sind, wenn nicht anders angegeben, für vier Personen berechnet.

Vorwort

von Klaus Besser

Wien, Wien, nur Du allein ...

... hast eine Küche, die nach einer Hauptstadt benannt ist. Auf dieses Phänomen machte mein Freund Dr. Hans Bernert, der Wiener Gastro-Kritiker, schon oft aufmerksam. In allen anderen Ländern spricht man von Landesküchen, nur in Österreich redet man von einer »Wiener Küche«; und nun gibt es auch noch die »Neue Wiener Küche« (NWK), die sich sogar, im Gegensatz zu Deutschland, institutionalisiert hat. An der Bildung der Neuen Wiener Küche hat Dr. Bernert maßgeblichen Anteil, so ist es ganz normal, daß er ein Kochbuch dieser Köche-Gruppe herausgibt. Da Dr. Bernert die Geschichte der österreichischen Küche bereits erschöpfend darstellt, muß ich hier darauf nicht weiter eingehen.
Eigentlich ist die Aufregung um die »Nouvelle Cuisine« ganz unverständlich; aber an der Tatsache ist nicht zu rütteln, daß sie gewaltige Emotionen ausgelöst hat. Überholte Traditionen – Mehlsaucen, Schmortöpfe – wurden verteidigt. Auf der anderen Seite entdeckte man das »Regionale« wieder. Mancher Wirt betrachtete es als nationale Pflicht, den Rehrücken à la Baden-Baden und nicht à la Paris zu servieren. Nationalismus scheint auch in der Küche unausrottbar zu sein.
Da kommt denn gerade dieses Kochbuch recht, das eines zeigt: Die Prinzipien der Neuen Küche sind auch auf Regionales anwendbar. Die feine Neue Küche ist nicht an ein Gebiet gebunden, sie ist im Grunde international und kann alles Regionale nur verfeinern. Das war ja auch einer der Zwecke der Küchenreform: Das Spezifische, an das Gebiet Gebundene zu überhöhen und für alle Gourmets schmack-

haft zu machen. Daß sich gerade in Wien eine Garde bester Köche der Aufgabe angenommen hat, das Regionale in die Nouvelle Cuisine zu integrieren, ist der internationalen Anerkennung wert. Vielleicht gelingt es auf diese Art, die Wiener Küche mit dem Zusatz »neu« wieder nach vorn zu bringen in Europa. Die Vorherrschaft von Paris in Sachen Kulinaria ist zwar nach wie vor gesichert, weil es in der Hauptstadt Frankreichs eine unerhörte Ansammlung exzellenter Köche aus allen Provinzen und aus allen Ländern gibt, verbunden mit einer unvergleichlichen Stimmung, aber es würde nicht schaden, wenn Wien wieder einen höheren Stellenwert als Hauptstadt der Feinschmeckerei bekäme.
Ich habe schon immer den Standpunkt vertreten, die Hausfrauen sollten nach den Rezepten professioneller Küchenmeister kochen. Ich stellte schon 1977, als die Nouvelle Cuisine sich gerade fest etabliert hatte, die »Hundert besten Rezepte der großen Köche Europas« zusammen. Aus Österreich hatte ich Rezepte nur von Werner Matt, dem Ziehvater so vieler heute in Wien berühmter Köche, ausgewählt. Würde ich das Buch heute neu herausgeben, wäre Wien gewiß mit zehn Köchen vertreten. So schnell haben sich die Dinge vorwärtsentwickelt.
Dieses Buch ist nicht nur ein Kochbuch, sondern auch ein Geschichtsbuch der österreichischen Küche. Die gastronomische Entwicklung in einem Lande wird von den Köchen und ihren Gästen gemacht. Wir Journalisten sind nur Chronisten; aber wir können anregen und dafür sorgen, daß das Niveau, das endlich erreicht wurde, nicht wieder absinkt. In Frankreich ist die Küchenreform ohne das Wirken der beiden Journalisten Gault und Millau nicht denkbar, in Deutschland waren es Wolfram Siebeck, Gert von Paczensky und meine Wenigkeit, in Wien war es Dr. Bernert, der Herausgeber dieses Werkes, der wichtige Anstöße gab und die Anregungen, die aus Frankreich kamen, ins Wienerische übersetzte. Sicher wird sich allmählich eine klassische Neue Küche entwickeln, in der die »Lachsschnitte von Troisgros auf

Sauerampfer« oder der »Loup de Mer mit Hummerfarce« nach Bocuse ihren festen Platz haben werden, genauso wie die »Tournedos Rossini« und die »Pêche Melba« von Escoffier aus der Klassischen Küche nicht wegzudenken sind.
Ich begrüße aus vollem Herzen das Werk der Köche der »Neuen Wiener Küche«, das die Nouvelle Cuisine eigentlich ergänzt und zeigt, daß Europa zum Glück auch in der Küche nicht über einen Leisten geschlagen werden kann.

Klaus Besser

Die klassische Wiener Küche

Die klassische Wiener Küche, deren Grundlagen zur Zeit des Wiener Kongresses gelegt wurden, ist in mancherlei Beziehung ein Unikum. Sie ist die einzige europäische Küche von Weltruf, die nach einer Stadt benannt ist. Sie ist ferner alles andere als eine regionale Küche, denn die Heimat der Mehrzahl ihrer berühmtesten Gerichte – vom Wiener Schnitzel über das Gulasch bis zu den Zwetschkenknödeln und zum Apfelstrudel – ist nicht Wien. Hier zu Hause sind die etlichen zwanzig Sorten gekochten Rindfleisches, an der Spitze der Tafelspitz, mit der für Wien eigentümlichen Teilungsart des Rindes, sind die klaren, kräftigen Rindsuppen mit ihren Einlagen, wie Grießnockerln, Leberknödel und den verschiedenen Schöberln, ist der Kaiserschmarren und ist die Sachertorte. All das, das Wenige Wiener Ursprungs und das viel Zahlreichere – um es wienerisch auszudrücken – »Zuag'raste«, haben sich zu einem harmonischen Ganzen, der Wiener Küche, vereint und in der ganzen Welt Anklang gefunden.
Wenn man der Ursache dieser doch etwas sonderbaren Entwicklung nachgeht, so liegt sie am Wiener Kaiserhof, der wie ein Magnet den hohen und niederen Adel des Vielvölkerstaates anzog. Die Fürsten, Grafen und Barone errichteten ihre Herrensitze in Wien selbst oder in seiner näheren und weiteren Umgebung, und neben ihren anderen Domestiken brachten sie auch ihre Küchenperle mit, die Božena, die Juliska oder die Lucetta, je nachdem, ob sie in den böhmischen, ungarischen oder italienischen Provinzen der Monarchie daheim waren. Sie wollten ihre geliebte und gewohnte heimische Küche auch während ihres Aufenthalts am Wiener Hof nicht entbehren.
Ihre noblen Gäste aus den anderen Teilen der Monarchie lernten die Küchen der Gastgeber kennen und schätzen –

und auch die Juliskas und Boženas fanden Anklang und Verehrer unter den jungen Wienern und Niederösterreichern und kochten bald nicht mehr für ihren hochadeligen Herrn, sondern für ihren kleinbürgerlichen Gatten. Das Ergebnis war eine gesunde und sehr schmackhafte Mischung. In manchen Handwerkerfamilien gab es Schwiegertöchter aus den verschiedensten Teilen des Kaiserreichs, die natürlich auch von der Schwiegermutter oder der Schwägerin etwas lernten. Auch Wirtssöhne gab es unter den Männern dieser Exfeudalköchinnen, und nicht nur Kinder entstammten diesen Ehen, sondern auch die klassische Wiener Küche.

Für alle, die etwas von der Entwicklung von Speisen und ihrer Rezeptur verstehen, die in ein anderes Land, in ein anderes Klima versetzt werden, muß es klar sein, daß die vielen aus den Kronländern in die Kaiserstadt Wien gebrachten Gerichte dort eine große, vielleicht sogar grundlegende Veränderung mitgemacht haben. Nicht alle Ingredienzien sind an zwei verschiedenen Orten in gleicher Art und Güte zu haben; es wird mit verschiedenen Fetten gekocht; die Teilung der Schlachttiere ist oft grundverschieden. Das bestimmte, verlangte Stück gibt es einfach in dem anderen Land nicht. Gewürze, in einem Land geschätzt, sind im anderen Land verpönt. Sie müssen z. B. – vor allem auf dem Lande – weit laufen, um in England den verachteten Knoblauch kaufen zu können.

So ist es nicht verwunderlich, daß National- oder Regionalgerichte, aus ihrem Kronland nach Wien versetzt, sich oft zu etwas – durchaus Erfreulichem – entwickelten, das ein Bürger ihres Heimatlandes nicht mehr erkennen würde. Nur zwei Beispiele: Das in Wien beliebte Gulasch kommt aus Ungarn; aber was dort heute noch Gulyas heißt, ist in Wien als Gulaschsuppe bekannt. Das Escalope (oder Costoletta) Milanese, das Urbild des Wiener Schnitzels, ist immer aus Kalbfleisch, während man in Wien häufig schlampigerweise auch zum panierten Schweinsschnitzel Wiener Schnitzel sagt. Es

wird in Mailand immer ohne Bemehlung und in Butter herausgebacken, während es in Wien immer bemehlt wird, aber in Schweineschmalz herausgebacken werden sollte (heute verwendet man hauptsächlich Öl oder Kunstfett).
Es wäre sicher ein interessantes Unterfangen, der Verwandlung regionaler Gerichte aus der Doppelmonarchie zu integrierten Bestandteilen der klassischen Wiener Küche nachzugehen. Allerdings fragt sich, ob es die Mühe lohnt, da diese Küche selbst einen solch grundlegenden Wandel durchmacht, weil sie für die heutige Zeit viel zu schwer und die Mehlspeisen mit den Dutzenden Eiern auch oft zu kostspielig sind.
Die klassische Wiener Küche ist eine Küche, deren Kalorienrechnung sowie Portionsgröße auf das Arbeitspensum unserer Großväter zwischen 60 und 48 Wochenstunden abgestimmt war. Jungen Leuten mit großem Appetit und schwerarbeitenden Menschen sagt sie auch heute noch zu; wer aber kürzere Arbeitszeit ohne körperliche Strapaze hat, und wer aus Prinzip keinen Schritt zu Fuß geht, für den ist sie viel zu schwer.
Die erste scharfe Zäsur kam aber nicht daher, daß die Wiener plötzlich Vernunftargumenten zugänglich geworden wären – in Liedern schwärmten sie weiter von der »seligen Backhendlzeit« – nur der Wiener Küche war mit dem Zerfall der Donaumonarchie der Zugang zu den Ursprüngen abgeschnitten worden. Der Adel aus den Kronländern hatte sich auf seine Stammsitze zurückgezogen, die Schlösser und Palais in der Nähe Wiens fingen an zu verfallen, aus den Rauchfängen der Küchen stieg kein Rauch mehr; keine Božena, keine Juliska kochte mehr dort. Die böhmischen und ungarischen Köchinnen verschwanden auch aus den bürgerlichen Haushalten, und kein Wirtssohn hatte mehr Gelegenheit, sich eine Braut aus den Kronländern anzulachen.
Die Zwischenkriegszeit war eine Zeit der Stagnation in der Wiener Küche. Neue, kreative Gerichte gab es nicht mehr. Wo noch eine tüchtige Köchin ihres Amtes waltete, blühte

die Wiener Küche mit allen ihren Köstlichkeiten nach wie vor, aber es war ein Auf-der-Stelle-Treten ohne Aussicht auf Bereicherung oder Erneuerung. Typisch für diesen ersten Teil der Zwischenkriegszeit war übrigens, daß es weit mehr gute Köchinnen als berühmte Köche gab – im Gegensatz zu Frankreich z. B.

In den dreißiger Jahren tauchten dann die ersten Köche in kleinen und mittleren Gasthäusern und Restaurants auf, wie Eckel und Ziegenbein, die den Chefkochposten in einem großen Luxushotel mit einem eigenen Betrieb vertauschten, wo sie nach französischem Muster als Chef-Patron, also als selbstkochender Wirt wirkten und sich einen guten Namen machten. Mit den »Drei Husaren« zog wieder eine weltstädtische Note in die Wiener Gastronomie ein und die Vorspeisenwagerln – bis heute Europaspitze in diesem Lokal – lieferten damals eine Sensation.

Aber alles das konnte nicht darüber hinwegtäuschen, daß die große Zeit der klassischen Wiener Küche vorüber war. Man konnte in einer Reihe von Lokalen, ja auch in einer gar nicht kleinen Zahl von Innenstadt- und Vorstadtbeiseln, gut und schmackhaft – und fett und schwer wie eh und je – essen. Die Portionen waren riesig, die Wiener Schnitzel hingen über den Teller hinaus, aber es war eine Küche der Epigonen, eine Eigenschaft, die sie übrigens mit den meisten europäischen Küchen der Zwischenkriegszeit teilte. Deutschland, England und Skandinavien konnte man gastronomisch vergessen, die Nachfolgestaaten hatten andere Sorgen als die Gastronomie, Italien kochte gut und solide wie immer, Paris und Brüssel traten auf der Stelle. Man wird in einer späteren Geschichte der Gastronomie das Kapitel Zwischenkriegszeit wahrscheinlich streichen.

Was für die 20 Jahre, 1918–1938, gilt, trifft erst recht auf die »tausend« Jahre 1938–1945 zu. Mit Kanonen läßt sich nun einmal keine Gastronomie bestreiten, nicht einmal mit Gulaschkanonen. Der einzige gastronomische Lichtblick im Nazi-Wien war die »Horcher«Filiale, die die »Drei Husaren« übernommen hatte. Also streichen wir auch diese Zeit aus der gastronomischen Geschichte Wiens.
Und weil wir gerade beim Streichen sind: Die ersten Nachkriegsjahre, die Jahre der Besatzungszeit, zeichneten sich durch die »Vier im Jeep«, die einig-uneinigen Besetzer, aus, aber nicht durch irgendwelche bemerkenswerte gastronomische Leistungen. Der Hunger der letzten Kriegsjahre verschärfte sich zunächst eher noch, und im Gasthaus schaute der Wiener nur auf die Quantität, die Qualität war vergessen. Der schwarze Markt blühte, und die Gasthausgeher strömten in jene Lokale, von denen es sich herumgesprochen hatte, daß etwas »ohne Punkte« zu ergattern war.
Die Lage auf dem Lebensmittelmarkt normalisierte sich, aber fast niemand aus der Gastronomie besann sich der ruhmreichen Zeiten der weltbekannten Wiener Küche. Es reichte kaum zu Epigonenleistungen – und was die Kreativität der Wiener Köche betrifft, so wendete sie sich so gut wie ausschließlich dem Erfinden fantasievoller Namen für fantasielose Gerichte zu. In fast jedem Beisel, das etwas auf sich hielt, prangte das »Steak Hawaii«, geziert von einer Ananasscheibe mit Cocktailkirsche, und las man »Balkangeheimnis«, so konnte man sicher sein, daß einem auf einem grünen Salatblatt rote Paprikastreifen entgegenlachten. Die Speisekarten hatten sich zu Scharteken entwickelt, zu deren Transport es eines Lohndieners bedurfte und die, hätte es damals schon die zarten Riedel-Gläser gegeben, unter ihnen beträchtlichen Schaden angerichtet hätten.
Bei ausländischen Gästen ging es so lange gut, als man sie zu Hause und bei Freunden bewirten konnte, denn viele Wiener Hausfrauen hatten das Kochen noch nicht verlernt, aber beim Restaurantbesuch mußte man sich gewaltig an-

strengen, um den Gast mehr als drei Tage in Lokale führen zu können, die Wien keine Schande machten. Die beherrschende Figur der Wiener gastronomischen Szene war Egon Fodermayer, der »Baron«, der die »Drei Husaren« übernommen und zu einer beachtlichen, einer Großstadt-würdigen Höhe geführt hatte. Lokale mit Tradition tauchten wieder auf, wie der »Hauswirth« in Mariahilf, der junge »Eckel« in Sievering, der das Lokal des Kollegen seines Vaters, »Ziegenbein«, in Sievering übernommen hatte. Und die Wild- und Mehlspeisküche der Oma Winkler in Großenzersdorf feierte Triumphe und zog sogar französische Gourmets an.
Diese lamentable Periode der Wiener Gastronomie dauerte bis zur Mitte der siebziger Jahre, bis zu einer Zeit also, in der sich das gastronomische Europa in vollem Aufbruch »zurück zur Natur!« befand. Der eigentliche Apostel einer »Nouvelle Cuisine«, allerdings einer Küche ohne Extravaganzen und Verrücktheiten der ersten Jahre dieser Bewegung, für die man keinen klügeren Namen gefunden hatte, war der viel zu früh verstorbene Fernand Point, der schon während des Krieges eine einfache, leichte, marktgerechte Küche predigte und sie in seiner weltberühmten »Pyramide« in Vienne selbst praktizierte und auch seinen Schülern, zu denen so gut wie alle heute berühmten Köche Frankreichs gehörten, vorexerzierte.
Bald nach seinem Tod hatten die jungen, begabten und »hungrigen« Gastrojournalisten, Henri Gault und Christian Millau, die französische Gastrokritik auf eine neue Stufe gestellt, indem sie nicht nur apodiktisch Sterne oder Hauben vergaben, sondern in ihren – oft sehr bissigen und sarkastischen – Texten ihre Bewertung auch begründeten. Frankreich ist ein großes Land, und wer wie Gault & Millau den Ehrgeiz besaß, einen gastronomischen Frankreichführer herauszugeben, der der »Michelin-Bibel« Konkurrenz machen konnte, der war imstande, sich bei der Dichte der guten Lokale auszurechnen, wann er bei täglich zu testendem Genuß der schweren, mehl- und fettreichen Saucen einem Herzinfarkt,

einem Cholesterinkollaps oder einer anderen netten Wohlstandskrankheit zum Opfer fallen mußte.
Also her mit einer leichten, bekömmlichen Kost, die auch der Tester, der Tag für Tag Lokale besucht, ohne Gefährdung für seine Gesundheit verträgt! Man brauchte einen getreuen Schildknappen, den man in der Person des begnadeten Kochs – und noch begnadeteren Geschäftsmanns – Paul Bocuse fand. Bald hieß es: Gault & Millau sind die gastronomischen Götter – oder, wenn Sie wollen, Päpste – und Bocuse ist ihr Prophet!
Die »Nouvelle Cuisine« war geboren, und sie hatte den dümmsten Namen erhalten, den man ihr geben konnte. Das konserven- und tiefkühlfreie Kochen war noch vor anderthalb Jahrhunderten Gebot gewesen, einfach, weil es keine Konserven und keine Tiefkühlprodukte gab. Und in der Geschichte der Gastronomie hatten immer Perioden mit fett- und mehlreichen und überwürzten Gerichten mit solchen abgewechselt, die bemüht waren, den natürlichen Geschmack der Rohprodukte zu unterstreichen und nicht zu verfälschen. Aber der Name war da – und die *Nouvelle Cuisine* fing an, sich in West- und Mitteleuropa zu verbreiten.
Die Bundesrepublik Deutschland war gastronomisch immer eine quantité négligeable gewesen. Es gab kein Gericht aus deutschen Landen, das weltweiten Ruhm genoß, selbst das Sauerkraut schrieb man den Elsässern zu. Das änderte sich in der Nachkriegszeit. Nicht weit von der französischen Grenze, in Ettlingen bei Karlsruhe, wurde der »Erbprinz« wegen seiner kulinarischen Genüsse zur Pflichtetappe für Gourmets auf dem Wege nach Paris. Und bald entstanden in München, Hamburg, Köln und anderen Städten Tempel der Kochkunst, die natürlich die Gelegenheit beim Schopf packten und sich der Bewegung der leichten, marktgerechten Küche anschlossen. Der Österreicher Witzigmann, damals Chefkoch im Münchener Tantris, war der erste Nichtfranzose, dem die Franzosen den Titel »Bester Koch Europas« zuge-

standen. Mittlerweile wurde diese Auszeichnung ja auch noch durch die Verleihung der drei Sterne des *Guide Michelin* für sein Restaurant »Aubergine« in München bestätigt.
Belgien hatte immer mit Paris in bezug auf Küche wettgeeifert, und die Brüsseler Spitzenlokale liefen mit fliegenden Fahnen zur *Nouvelle Cuisine* über. Auch in der Schweiz, in Basel und Bern, ebenso wie in Zürich und Genf, verbreitete sich die leichte, marktgerechte Küche, und in der Nähe Lausannes tauchte mit Fredy Girardet ein Koch auf, dessen Kunst viele Kenner über die von Paul Bocuse stellen.
Nur Österreich, insbesondere Wien, schlief (den Schlaf des Gerechten?). Die Speisekarten wurden umfangreicher und umfangreicher. Auf der Karte jedes »foinen« Lokals hatte das Fossil der »Lady Curzon« seinen Stammplatz. Und die Gerichte, nach Aga Khan oder Dschingis Khan betitelt, wurden Legion. Es mußte etwas geschehen!

Die »Neue Wiener Küche«

Daß in der Gastronomie etwas geschehen mußte, wenn Wien auf diesem Gebiet nicht ewig tiefste Provinz bleiben wollte, wurde mit der Zeit immer weiteren Kreisen klar: Gastronomen und Feinschmeckern, Journalisten und Kammerfunktionären. Wer immer in den siebziger Jahren eine Auslandsreise nach Westen angetreten hatte, nach Westdeutschland, Belgien, Frankreich, der Schweiz oder Italien, erinnerte sich voll Sehnsucht der kulinarischen Genüsse dieser Länder, während er wieder der restlos veralteten, fetten, kompakten Küche der Heimat »ausgeliefert« war.

1975 geschah etwas. Generaldirektor Rupert Huber hatte sich in sein neueröffnetes Wiener Hilton den Tiroler Werner Matt aus dem Münchener Hilton geholt – und dieser, ein überzeugter Anhänger einer modernen, leichten, marktgerechten Küche mit Carte blanche von seinem Chef, begann diese Küche in seinem Paraderestaurant, dem »Prinz Eugen«, zu zelebrieren.

Der vielseitige, auch als Gastrojournalist tätige Schriftsteller Dr. Jörg Mauthe gelangte immer mehr zur Überzeugung, daß in Wien die Zeit für eine grundlegende Küchenreform reif sei. Er fand beim zuständigen Kammerfunktionär, Kommerzialrat Josef Fröhlich, ein mehr als offenes Ohr. Auch eine ganze Reihe von Wiener Gastronomen hatten bei gelegentlichen »Schnuppertouren« in Frankreich und Belgien, der Bundesrepublik und der Schweiz erkannt, auf welch hinterwäldlerisches und provinzielles (im schlechtesten Sinne des Wortes) Niveau die einst weltberühmte Wiener Küche gesunken war.

Am 18. Mai 1978 schlug dann im Hilton die Geburtsstunde der »Neuen Wiener Küche«. Unter dem Vorsitz von Dr. Mauthe und in Anwesenheit von KR. Fröhlich traf sich praktisch der ganze Kreis, der heute die »Neune« der *NWK* darstellt; später in diesem Abschnitt sollen sie einzeln und mit ihren Lokalen kurz vorgestellt werden. Nur war an Stelle von Günter Winter, dem Besitzer des »Hauswirth«, der erst 1980 zur Gruppe stieß, noch Werner Matt dabei.

Die ersten Monate vergingen in Diskussionen über die Grundsätze, auf denen die junge Gemeinschaft aufgebaut sein sollte. Als Name fiel ihnen auch nichts Besseres ein als »Neue« Wiener Küche, dessen einziger Vorteil Kürze und Prägnanz ist, dem jedoch der doppelte Nachteil gegenübersteht, daß er unwahr ist, denn Rezepte, die diesen Grundsätzen entsprechen, kann man schon in ehrwürdigen Kochbüchern des 18. Jahrhunderts finden, und daß – obwohl dies expressis verbis abgestritten wird – man in den Geruch gerät, Nachahmer der »Nouvelle Cuisine« zu sein.

Als erste Gemeinschaftsaufgabe machte man sich nun an die Formulierung der gemeinsamen Grundsätze heran; sozusagen als Patenonkel holte man den Österreicher Eckart Witzigmann aus München, der mit seiner Erfahrung auch einiges dazu beisteuern konnte. Im Herbst war es dann endlich soweit. Die *NWK* veröffentlichte ihre »zehn Gebote« (wie viele hätten es sonst sein sollen?).

Im folgenden werden diese zehn Gebote wörtlich wiedergegeben und dazu auch erklärt, welche von ihnen nach wie vor in Kraft sind und auf welche man heute bei einer Neuformulierung lieber verzichten würde.

Die zehn Gebote der *Neuen Wiener Küche*

1. Die *Neue Wiener Küche* verwendet nur frische Produkte von höchster Qualität.
2. Die *Neue Wiener Küche* verwendet darum ihre Grundmaterialien dann, wenn sie am schmackhaftesten sind; das sogenannte Saisongericht ist ein wichtiger Bestandteil des Angebots.

3. Die *Neue Wiener Küche* legt Wert darauf, den Eigengeschmack aller Zutaten zu achten und zu betonen. Sie verwendet nur natürliche Würzen.
4. Die *Neue Wiener Küche* handelt nach der Einsicht, daß Vitamine, Mineralstoffe und Eigengeschmack eines Gerichtes erhalten bleiben müssen. Sie lehnt darum allzu lange Koch- und Garzeiten ab.
5. Die *Neue Wiener Küche* verpönt jedes Konservenmaterial.
6. Die *Neue Wiener Küche* bereitet ihre Gerichte darum nur frisch zu und serviert sie auch so.
7. Die *Neue Wiener Küche* verzichtet auf dicke Saucen und Schwerverdauliches und bereitet ihre Gerichte nach Möglichkeit ohne Mehl zu. Als Bindungsmittel verwendet sie frisches Obers, Crème fraîche, frische Butter, Gemüsesäfte oder Eier.
8. Die *Neue Wiener Küche* unternimmt nicht den Versuch, die alten »klassischen« Rezepte zu reformieren, sondern wird die traditionelle Speisekarte durch neue, dem Geschmack und den Bedürfnissen unserer Tage angemessene Kreationen ergänzen und bereichern.
9. Die *Neue Wiener Küche* gebärdet sich nicht exotisch und kopiert auch nicht die *Nouvelle Cuisine,* sondern kocht mit einheimischen Zutaten das, was dem österreichischen Geschmack entspricht.
10. Die *Neue Wiener Küche* kreiert ideen- und abwechslungsreiche Menüzusammenstellungen und versucht, in Garnierung und Präsentation nicht nur den Gaumen, sondern auch das Auge zu befriedigen.

Hätten es nicht gerade zehn Gebote sein müssen, so hätte man es prägnanter und knapper formulieren können, und einzelne »puristische« Punkte hätte man ohne weiteres auslassen können. So werden heute selbstverständlich eine Reihe von »klassischen« Gerichten auf leichte Art nachgekocht, und zweifellos wird niemand auf Seefische, Stopfgän-

selebern oder exotische Früchte verzichten, weil diese nur durch Import zu haben sind. Gerade die Transportverhältnisse unserer Zeit erlauben es, diese Produkte in besserer Qualität und Frische denn je in unsere Küchen zu bekommen. Daß daneben versucht wird, Rohprodukte, die bei uns nicht mehr erhältlich waren, wie z. B. Perlhühner und Wachteln, aber auch Gewürzkräuter, wieder züchten und anbauen zu lassen, ist nur natürlich.
Ich habe einmal in einem Artikel in der »Presse«, der auf mir unbekannte Weise im April 1980 seinen Weg ins »Argentinische Tageblatt« gefunden hat, versucht, die Hauptgrundsätze der *NWK* auf drei Punkte zu komprimieren.

1. Die *NWK* ist *anspruchsvoll.* Sie versucht neue Kombinationen und verwendet nur die besten Produkte auf dem Höhepunkt ihrer saisonalen Schmackhaftigkeit. Sie ist keine Kopie der »Nouvelle Cuisine«.
2. Die *NWK* verwendet nur *frische Produkte,* nicht zu Tode gegart, nicht durch Überwürzen ihres natürlichen Geschmacks beraubt. Konserven jeder Art sind verpönt.
3. Die *NWK* ist *leicht.* Auf dicke Saucen, Einbrennen, schwere Fette und Mehl als Bindemittel wird verzichtet. Gebunden wird mit frischem Obers, Crème fraîche, Eiern, frischer Butter oder Gemüsesäften.

Zu ihren Grundsätzen hatte sich die *NWK* bekannt; sie konnte also jetzt auch ans Licht der Öffentlichkeit treten. Das tat sie am 27. November 1978. Jeder der Mitgliedsbetriebe hatte ein oder zwei Rezepte vorbereitet und erprobt, die dann von der Brigade Werner Matts vorbildlich zubereitet und im Ballsaal des Hilton geladenen Gästen serviert wurden. Trotz der köstlichen Zubereitung war es kein rauschender Erfolg, denn unter den prominenten Geladenen befanden sich verbissene Anhänger der schweren klassischen Küche, die nur einen dicken, fetten Gulaschsaft akzeptierten und für die schwere Mayonnaisen das höchste der Gefühle waren. Dazu kamen die Klatschkolumnisten der

Boulevardpresse, die sich die Bemerkungen über kleine Portionen und nicht totgebratenes Fleisch genüßlich auf der Zunge zergehen ließen.
Daß die Teilnehmerbetriebe und auch die Matt'sche Brigade darüber nicht sehr glücklich waren, ist zu verstehen. Doch Jörg Mauthe trieb zu neuen Taten. Die Mitgliedsbetriebe sollten jeder ein halbes Dutzend oder mehr erprobte Rezepte nach den Grundsätzen der *NWK* zu einem Kochbuch beisteuern, das in einem Wiener Verlag erscheinen sollte. Dieses Vorhaben ging – hauptsächlich dank der Ungeschicklichkeit des »Redaktionskomitees« – erst recht daneben. In der weiteren Folge schied Werner Matt, nicht zuletzt durch das Verhalten der Möchtegern-Buchredakteurinnen verärgert, aus der Gruppe der *NWK* aus. Im Laufe der ersten zwei Jahre hatten sich noch einige Wirte und Köche – fast ein Dutzend – der Gruppe genähert und Interesse für die *NWK* gezeigt, waren nach kurzer Zeit aber wieder weggeblieben. Werner Matts Ausscheiden war ein ernster Verlust für die Gruppe, da sein vielfaches Talent als Gastronom, Organisator, Koch und Lehrer kaum zu ersetzen war.
Es ging aber weiter, und zwar mit neuem Schwung, der nach der verpatzten Bankett-Premiere und vor allem nach dem völlig mißglückten Buchversuch sich bei allen Mitgliedern der Gruppe einstellte. An Stelle des Hilton trat der »Hauswirth« mit seinem selbst kochenden Besitzer Günter Winter. Auch Dr. Mauthe, der spiritus rector und eigentliche Initiator trat in den Hintergrund, da seine Tätigkeit als Wiener Stadtrat ihm für seine Patenrolle, vor allem für die häufigen Sitzungen, nicht mehr die Zeit ließ. Er bat mich, der vom Anfang an dabeigewesen war, die journalistische Betreuung der Gruppe zu übernehmen. Den Vorsitz als primus inter pares übernahm Rudolf Kellner vom »Altwienerhof«, und die Aktivitäten der Gruppe weiteten sich ständig aus. Vielleicht ist es interessant, sie in kurzen Worten zu schildern und die weitere Entwicklung bis zum heutigen Tag zu skizzieren.
Die Angehörigen der Gruppe treffen einander in Abständen

von einer bis zu vier Wochen. Auf den Sitzungen werden die Aktivitäten der Gruppe, wie auch die sich daraus ergebenden finanziellen Belastungen der einzelnen Mitgliedsbetriebe beraten. Folgende Aktivitäten laufen durch die Jahre des Bestands: 4–6 Miniseminare pro Jahr für die Chefs und Souschefs der Küchen. Gemeinsame Einkaufsaktionen für Geräte und Geschirr, aber auch für Produkte. Gemeinsame Werbung in Zeitungen und Zeitschriften. Bankette für geladene Gäste und die Presse, die über den letzten Entwicklungsstand der *NWK* informiert. Gemeinsame Schnupperreisen ins westliche Ausland zur Kontaktaufnahme mit berühmten Kollegen und zum Wein- und Spirituoseneinkauf. Motivierung von Zuchtbetrieben und Gärtnereien zur Aufzucht von in Österreich verschwundenen Geflügelsorten (Perlhühner, Wachteln) und zum Anbau einer breiten Palette von Küchenkräutern. – All das mußte für teures Geld bisher aus dem Ausland eingeführt werden.
Die kleinen Seminare finden zumeist an Sonntagnachmittagen statt, wenn alle Betriebe geschlossen haben. Niemand wird gezwungen, beizuwohnen. Trotzdem fehlt kaum einer der jungen Chefs und Souschefs, die ihren einzigen freien Nachmittag der Weiterbildung opfern. So zeigte z. B. einmal Karl Schuhmacher die Praxis der Zubereitung von Sorbets verschiedenster Art und Rudolf Kellner ein anderes Mal die Praxis der Fischzubereitung mit allen Vorteilen, die sich ein Routinier und erstklassiger Koch im Laufe der Jahre auf diesem Gebiet angeeignet hat.
Der gemeinsame Einkauf führte zu beachtlichen Verbilligungen. So gab es z. B. eine gemeinsame Aktion für Sorbetmaschinen und eine andere für Riedel-Gläser. Beide Einkäufe brachten namhafte Ersparnisse für die Mitgliedsbetriebe. Das gleiche gilt auch für den gemeinsamen Einkauf von Wein und Spirituosen, ebenso auch für verschiedene in den Küchen benötigte Rohprodukte.
Direkt daran anschließen kann man die Kontakte mit Geflügelzüchtern und Gärtnern. Keiner dieser Betriebe wäre be-

reit gewesen, die Neuaufzucht der seit dem Zweiten Weltkrieg aus Österreich verschwundenen Perlhühner oder Wachteln vorzunehmen, aber die Lieferung an eine Gruppe erstklassiger Betriebe war für die Lieferanten interessant. Es konnte auf die sündteuren Importe aus Frankreich und auf eine weitere Preissteigerung für die entsprechenden Gerichte verzichtet werden. Das gleiche gilt auch für die breite Palette der Gewürzkräuter, die heute praktisch so gut wie ohne Ausnahme im Inland zu haben sind.
Soweit es sich um ausländische Weine und Spirituosen handelt, hatten gemeinsame Reisen ins Burgundische und nach Bordeaux ausgezeichnete Erfolge. Man konnte sich bei kleinen, wenig bekannten Winzern erstklassige Gewächse sichern, ohne die Tollhauspreise für berühmte Schloßabfüllungen zahlen zu müssen. Außerdem wurden diese Reisen dazu genutzt, um mit erstklassigen Patrons in Frankreich Kontakt aufzunehmen und den Trend der »Nouvelle Cuisine« verfolgen zu können. Das gleiche gilt auch für Norditalien und die Toscana, wo allerdings die Weine den raketenhaften Preisanstieg der »Franzosen« nicht mitgemacht haben.
Schließlich gehört – last, not least – zu den Gemeinschaftsaktionen noch die gemeinsame Werbung. In wenigen, ausgesuchten, täglichen und periodischen Presseorganen wird – mit verschiedener Intensität – das ganze Jahr über geworben, sowohl für jeden einzelnen Betrieb als auch für die ganze Gruppe. Es wurden vier – für alle Restaurants außen gleiche – Jahreszeitenspeisekarten aufgelegt, auf deren Rückseite alle Schwesterbetriebe mit Adresse, Telefon und Öffnungszeiten angegeben sind. Das Innenleben der Speisekarten ist natürlich individuell verschieden. Prominente enthüllten die von einem bekannten Künstler entworfenen Speisekarten vor ihrer Ingebrauchnahme anläßlich eines Banketts vor geladenen Gästen. Diese Bankette, auf denen die neuesten kulinarischen Kreationen der Neun vorgestellt werden, sollen auch künftig fortgesetzt werden.

Selbstverständlich gibt es – wie in jeder Gemeinschaft – von Zeit zu Zeit kleinere Unstimmigkeiten, aber im Grunde genommen ist es eine festgefügte Gruppe von Individualisten, die sich nicht auseinanderdividieren läßt, weil sie ihre gemeinsamen sowie auch individuellen Vorteile beim Zusammenhalten erkannt hat.

Die Tatsache, daß der Trend zur leichten, marktgerechten Küche – denn das wäre der korrekte Name für die *Nouvelle Cuisine* –, der sich wellenförmig von Paris ausdehnte, Wien natürlich sehr spät erreichte, hatte auch seinen nicht zu verachtenden Vorteil. Während in Frankreich zu Beginn alle möglichen Extravaganzen zelebriert wurden und Jünger dieser Richtung – auch solche mit gutem Namen – in den absurdesten Kombinationen schwelgten, etwa nach dem Grundsatz: Knoblauch ist gut, Schokolade ist gut – wie gut muß erst Knoblauch mit Schokolade sein!, kam der Trend erst nach Wien, als diese Kinderkrankheiten und Jugendtorheiten bereits der Geschichte angehörten. Die *NWK* jedenfalls litt niemals darunter.

Abgesehen davon haben in Wien auch die begeistertsten Verfechter der *NWK* in ihren Lokalen niemals das Anathema über die klassische Wiener Kochkunst ausgesprochen. Klassische und »Neue« Küche liefen nebeneinander her, wobei in den meisten Restaurants der Neun anfangs die klassische Küche eindeutig Oberhand besaß und erst mit der Zeit in einem immer größeren Maße von der leichten, marktgerechten Küche verdrängt wurde. Ganz eliminiert ist aber die klassische Wiener Küche aus den Lokalen der *NWK* auch heute noch nicht, wenn auch immer mehr versucht wird, das Zuviel an Mehl und Fett und die Verwendung von Konserven und Tiefkühlware systematisch zurückzudrängen. Ganz verschwinden werden aber einzelne typische alte Wiener Gerichte wohl nie.

Es ist jetzt langsam an der Zeit, die acht Restaurants mit ihren Besitzern und, soweit diese nicht gleichzeitig kochen, auch die Küchenchefs vorzustellen. Die »Kurkonditorei Oberlaa«

mit ihrem Chefpatissier wird dann in dem Kapitel, das den Rezepten der Patisserie gewidmet ist, vorgestellt.
Die *NWK* als Gruppe existiert in ihrer jetzigen Zusammensetzung seit Frühsommer 1980, und es sieht weder danach aus, als ob sich ein Mitgliedsbetrieb daraus zurückziehen wollte, noch, daß in absehbarer Zeit neue Mitglieder aufgenommen werden. Also: in medias res!

Kellner's Altwienerhof

1150 Wien, Herklotzgasse 6, Tel.: 83 71 45, Ruhetag: Sonntag, Betriebsferien: 3 Wochen im Jänner, 40 Plätze im Restaurant, 30 im Wintergarten, 45 im Garten. Kreditkarten: Amexco, Golden Card. Parken: nicht leicht, aber möglich.
Rudolf Kellner hat nach Ausbildung in Bad Gastein und Praxis in der Schweiz, Paris, London, Stockholm und auf holländischen Schiffen 1969 den väterlichen Betrieb als Patron und Chefkoch übernommen. Er war einer der Initiatoren der *NWK* und führt bis dato den Vorsitz. Sein Lokal, das er als angesehenes Vorstadtbeisel übernommen hat, wurde mit Hilfe seiner Frau zu einem in Wien sehr angesehenen Feinschmeckertreff. Durch den geschmackvollen Umbau der Innenräume und den großen, baumbestandenen Garten sowie zuletzt auch den Wintergarten erhielt das Restaurant die nötige Atmosphäre.

Restaurant Hauswirth

1060 Wien, Otto-Bauer-Gasse 20, Tel.: 57 12 71, Ruhetage: Sonn- und Feiertage, keine Betriebsferien, 90 Plätze in den Speisesälen, 50 im Innenhof, Kreditkarten: Eurocard, Diners Club, Visa, Amexco, Golden Card. Parken: mittags schwierig (Kurzparkzone), abends leichter.

»Der Hauswirth« war schon vor dem Ersten Weltkrieg der gastronomische Bezirkskaiser von Mariahilf; er blieb es auch in der Zwischenkriegszeit und der ersten Nachkriegszeit. Erst als der Enkel das Lokal Anfang der siebziger Jahre nach dem Tod seines Vaters übernahm und nach einem Jahr eigener Führung es hintereinander an drei verschiedene Brauereien verpachtete, ging es rapide bergab; das Lokal verfiel und die Stammgäste verliefen sich. 1976 kaufte der junge Günter Winter, der sich sein elterliches Erbteil, ein Hotel in Zell am See, hatte auszahlen lassen, das Restaurant, erneuerte die Kücheneinrichtung komplett und restaurierte die historischen Zimmer an der Vorderfront des Hauses und den Innenhof. 1983 wurde der große Saal im Fond des Lokals renoviert.

Schon im Jahre 1981 hatte Günter Winter seinem Restaurant eine Gourmet-Boutique angeschlossen, in der man neben Geschirr und Utensilien, allen Öl- und Essigsorten, Kräutern und Gewürzen auch küchenfertig zugerichtetes Wild, Fische und Krustentiere kaufen kann; eine Vinothek ist angeschlossen. Die alten Stammgäste sind zurückgekehrt, neue dazugekommen. Günter Winter, der außer in Österreich in der Schweiz, Frankreich und Schweden gelernt und praktiziert hat, führt selbst die Küche als Patron-Chef. Ein besonderer Gag seiner Boutique ist, daß Hobbyköche und Hausfrauen dort jede Art von Fleisch-, Fisch-, Geflügel- und Wildfond erstehen können. In der Küche wird Günter Winter von Reinhard Ruzicka hervorragend unterstützt.

Niky's Kuchlmasterei

1030 Wien, Obere Weißgerberstraße 6, Tel.: 72 44 18, Ruhetage: Sonn- und Feiertage, keine Betriebsferien, 100 Plätze im Restaurant, 20 im Schanigarten. Kreditkarten: Amexco, Golden Card. Parken: problemlos in den umliegenden Gassen.

Niky Kulmer, der von der Pike auf kochen gelernt und seine Kunst im Inland und im westlichen Ausland vervollständigt und praktiziert hatte, startete im Jahre 1975 die »Kuchlmasterei«. Hier ließ er allerdings seinen jeweiligen Küchenchef walten, wobei er sich in der Auswahl geschickt und umsichtig zeigte. Sowohl der langjährige Küchenchef Karl Seeland, der jetzt sein eigenes Hotel-Restaurant am Weißensee in Kärnten betreibt, als auch dessen Nachfolger, Franz Schneider, ehemaliger Küchenchef des Palais Schwarzenberg, sind erstklassige und kreative Kochkünstler. Im Halbstock hat Niky Kulmer eine Aperitifbar eingerichtet, deren Mittelpunkt eine komplette Destillieranlage aus Napoleons Zeiten ist, die der Chef höchstpersönlich von Cognac nach Wien verfrachtet hat. Berühmt ist auch »Nikys Salatbar« mit annähernd 50 Salaten.

Spezialitätenrestaurant

Leupolds

„KUPFERDACHL"

Im Keller

1010 Wien, Schottengasse 7 (Ecke Mölkerbastei), Tel.: 63 93 81, Ruhetag: Samstag mittags, Betriebsferien: 3 Wochen Ende Juli/Mitte August, 70 Plätze. Kreditkarten: Eurocard, Diners Club, Visa, Golden Card, Amexco. Parken: Trotz Kurzparkzone mittags sehr schwierig, abends wesentlich einfacher. Dkfm. Robert Leupold entstammt einer bekannten Wiener Gastronomenfamilie. Neben seinen beiden erstklassigen Küchenchefs Edward Macku und Franz Zodl, ist auch die Chefin, Inge Leupold, in der Küche tätig. Durch seine Lage nahe der Universität und dem Großbankenzentrum ist das Lokal für Geschäftsessen geradezu prädestiniert, und die Nähe vieler Bühnen macht es auch zum Treff für Theatersoupers. Die Chefköche, die natürlich auch die klassische Wiener Küche beherrschen, wetteifern miteinander in immer neuen Kreationen der leichten marktgerechten Küche. Das elegante Kellerlokal gibt jedem Gast die Möglichkeit, in gemütlicher Atmosphäre zu schlemmen.

RESTAURANT SAILER

1180 Wien, Gersthoferstraße 14, Tel.: 47 21 21, Ruhetage: Sonntag, im Sommer auch Samstag, Betriebsferien: 3 Wochen Juli/August, 120 Plätze im Restaurant und im Keller,

70 Plätze im Terrassengarten. Kreditkarten: Diners Club, Visa, Amexco, Golden Card. Parken: fast problemlos.
Seit über 60 Jahren ist »der Sailer«, der gastronomische Bezirkskaiser von Währing in Familienbesitz. Das Jugendstilhaus und auch alle Restauranträumlichkeiten sind auf Glanz hergerichtet. Beim konservativen Feinschmeckerpublikum in diesem alten Haus konnte mit dem neuen marktgerechten Küchenstil für alle Wiener Gerichte Begeisterung hervorgerufen werden. Helmut Röver ist der begabte und ausgezeichnete Küchenchef. Der Patron, Johannes Sailer, hat sein besonderes Augenmerk auf den Weinkeller gerichtet, der auch ein besonderes Schmuckstück des Hauses ist. Hier lagern die besten Jahrgänge heimischer und internationaler Spitzenweine zu interessanten Preisen.

STEINERNE EULE

1070 Wien, Halbgasse 30, Tel.: 93 22 50, Ruhetage: Sonntag und Montag, keine Betriebsferien, Kreditkarten: Eurocard, Diners Club, Visa, Golden Card. Parken: mittags sehr problematisch, abends einfacher. Im Lokal 60 Plätze, im schattigen Garten 35.
Vielen Freunden war die »Eule« als beliebtes Studentenlokal bekannt. Erst als sie Karl Schaupmayr von seinen Eltern übernahm, entwickelte er einen Ehrgeiz, mehr aus ihr zu machen. Und sie wurde ein Senkrechtstarter, was Eulen sonst recht selten sind.

Nach einer Übergangszeit mit Trimestern für südamerikanische, französische und Wildküche, schloß sich Karl Schaupmayr der *NWK* an und wurde einer ihrer konsequentesten Verfechter, der als erster seine Speisekarte fast zu 100% in den Dienst der *NWK* stellte. Seine Stammgäste dankten es ihm und neue Gäste wurden zu Stammgästen. Er hatte auch das Geschick, zwei erstklassige Küchenchefs, Kurt Kaiser und Rudolf Linder, zu finden, beide jung, begabt und kreativ. Rudolf Linder kocht heute im Zweitbetrieb Karl Schaupmayrs, dem »Kuckuck« (er hat's mit dem Federvieh!) in der Himmelpfortgasse in der Inneren Stadt, den Frau Johanna Schaupmayr führt, während Kurt Kaiser die Küche des Stammhauses leitet.

Steirereck Wien

1030 Wien, Rasumofskygasse 2 (an der Lände/bei der Rotundenbrücke), Tel.: 73 31 68, Ruhetage: Samstag, Sonn- und Feiertage, keine Betriebsferien; 110 Plätze im Lokal, 60 auf der gedeckten Terrasse. Kreditkarten: Golden Card, Amexco. Parken unproblematisch.

Gut Ding braucht Weile. Weit über ein Jahr brauchte es, bis Heinz Reitbauer mit dem Umbau des »Steirerecks« fertig war. Dann aber war es zu einem der elegantesten Lokale Wiens geworden. Der Vorraum allein mit seinem spiegelglänzenden Granitfußboden und seinem riesigen Displaytisch, auf dem auf Eis alle Köstlichkeiten des Meeres, Fische und Krustentiere, aber auch Salate, Pilze und Gemüse, Obst und Beeren – je nach Jahreszeit – zur Schau gestellt sind und den Gästen in froher Erwartung das Wasser im Mund zusammenlaufen lassen, ist sehenswert. In den Gasträumen

Rohkostsalat von jungem Gemüse ▷
(Rezept S. 38)

Soupe

selbst kann man die drei berühmten Wagerln des Steirerecks – mit hors d'œuvres, Käse und Desserts – bewundern ebenso wie einen immensen säulenförmigen Behälter für lebende Süßwasserfische. Frau Grete Reitbauer waltet in der Küche, deren junger Chefkoch Helmut Österreicher einer der kreativsten Köche Wiens ist. Heinz Reitbauers gehätscheltes Kind ist der Keller des Hauses, der eine Menge Kostbarkeiten birgt. Neben der *NWK* wird im Steirereck auch die steirische Regionalküche sorglich gepflegt. Heinz Reitbauer befolgte die Grundsätze der *NWK* schon, als diese noch gar nicht existierte.

2100 Korneuburg, Tuttendörfl 6, Tel.: 0 22 62/24 85. Ruhetage: Sonntag/Montag, Betriebsferien Weihnachten bis Ende Jänner. 200 Plätze im Lokal, 150 im Garten und auf der Donauterrasse. Keine Kreditkarten; Parken problemlos.

Günther Gass, der letzte der Mohikaner, hat seinen Betrieb nicht in Wien, sondern donauaufwärts, am anderen Ufer bei Korneuburg und ist vom Zentrum in einer Viertelstunde zu erreichen. Nach ausgezeichneter Ausbildung, unter anderem in der berühmten Küche des Hotels Sacher praktizierte er vier Jahre auf einer norwegischen Kreuzfahrtlinie und in Norwegen selbst, kehrte dann nach Wien zurück und war an verschiedenen Stellen als Küchenchef, später als Pächter tätig. 1975 eröffnete er seinen eigenen Betrieb »Tuttendörfl«. Er schloß sich bald der *NWK* an und überraschte seine Gäste

◁ *Blutwurstsuppe mit kleinen Krennockerln (Rezept S. 142)*

bald mit vielen neuen Kreationen, vor allem Fischgerichten. Sonntags war sein Betrieb so überlaufen, daß ihm keine Zeit für die leichte, marktgerechte Küche blieb, bis er sich schließlich entschloß, auf die Quantität der Gäste zu Gunsten der Qualität seiner Küche zu verzichten und Sonntag sperrte. Er selbst arbeitet als Patron-Chef, während seine Frau, Ursula, voll in den Betrieb integriert, die Gäste betreut.

Das Wesentliche, das diese Gruppe auszeichnet, die Dritten gegenüber als Interessengemeinschaft auftritt, ist, daß sie aus lauter Individualisten besteht. Einer ist Patissier, drei sind selbstkochende Patrons, die restlichen fünf sind Patrons mit oder ohne abgeschlossene Kochausbildung. Aber jeder ist ein Individualist und läßt sich bei seinen Ideen nicht dreinreden. Ich zweifle, ob eine solche Form der nahen Zusammenarbeit anderswo als in einer Großstadt zu verwirklichen ist. In jüngster Zeit wurde der Versuch unternommen, die Betriebe der Umgebung Wiens, die ähnliches Interesse an einer leichten, marktgerechten Küche haben, zu einer Interessengemeinschaft zusammenzubringen.
Die Aufbauphase der *NWK* ist heute vorüber; und wenn es bis dato allen Unkenrufen und fälschlichen Totsagungen nicht gelungen ist, sie umzubringen, glaube ich, daß sie recht solide Überlebensaussichten hat.

Mittags- und Abendmenüs der »Neuen Wiener Küche« für alle Jahreszeiten

Wir möchten Ihnen je zwei viergängige Mittagsmenüs und zwei siebengängige Abendmenüs der *Neuen Wiener Küche* für jede der Jahreszeiten vorschlagen. Jeder der acht Betriebe (die Kurkonditorei wird in einem eigenen Kapitel behandelt) hat je ein Mittags- und ein Abendmenü aus zwei verschiedenen Jahreszeiten zur Verfügung gestellt.
Das Mittagsmenü besteht aus: Vorspeise, Suppe, Hauptgericht und Dessert, das Abendmenü aus kalter Vorspeise, Suppe, warmer Vorspeise (Entremet), Fisch, Sorbet, Hauptgericht und Dessert.
Da nicht jeder Hobbykoch und kaum eine Hausfrau über eine Sorbetière verfügt, kann an Stelle des Sorbets auch eine Granité zubereitet werden. Man gibt die Masse in das Tiefkühlfach und läßt sie anfrieren. Es ist natürlich dann keine Creme, sondern körniges Eis, wenn man die Masse im halbgefrorenen Zustand aus dem Tiefkühlfach holt.
In der Küche wird, wenn nicht ausdrücklich anders angegeben, ausschließlich weißer Pfeffer aus der Mühle verwendet, da nur frischgemahlener Pfeffer Aroma besitzt. Wo kein spezielles Öl angegeben ist, wie Olivenjungfernöl, Nuß- oder Haselnußöl etc., empfiehlt sich Erdnußöl als einziges völlig geruch- und geschmackfreies Öl, das höchste Temperaturen verträgt.
Die angegebenen Zubereitungszeiten wurden aus Mittelwerten zwischen Profiköchen, Hobbyköchen, erfahrenen und weniger erfahrenen Hausfrauen erstellt. Sie geben nur beiläufige Anhaltspunkte. Bei einer Erstzubereitung wird man eher etwas an Zeit zugeben müssen.

Alle diese Rezepte stehen – natürlich nicht täglich – auf der Speisekarte des betreffenden Restaurants; vielfach sind es Kreationen des Chefpatrons oder des Küchenchefs, mitunter aber auch Abwandlungen von Gerichten französischer, belgischer, deutscher, Schweizer und österreichischer Meisterköche. Wir haben uns bemüht, kein – auch kein unbewußtes – Plagiat an bekannten Speisen der leichten, marktgerechten Küche zu begehen. Es fehlt daher der größte Erfolg unter den Desserts der *Neuen Wiener Küche*, der »Glocker-Strudel«, der bereits im Matt-Glocker-Kochbuch enthalten ist. Sollte sich trotzdem ein »Plagiat« im Buche befinden, so ist es sicherlich ungewollt und unbewußt – einfach der Aufmerksamkeit von zehn Augenpaaren entgangen – und wir bitten den »Urheber« des Rezepts und den Leser um Entschuldigung.
In fast allen Fleisch- und Fischrezepten wird heller oder dunkler Kalbsfond, Geflügelfond, Wildfond und Fischfond verwendet. In Wien kann man alle diese Fonds in der Gourmetboutique von *Hauswirth* käuflich erwerben. Vielleicht könnten Restaurants in der Bundesrepublik, wo diese Fonds täglich hergestellt und zum Großteil Abfallsprodukte werden, die man wegwirft, diese Idee aufgreifen. Hausfrauen und Hobbyköche würden es ihnen danken.
Die Weinempfehlungen, die für jedes der Mittags- und Abendmenüs gegeben werden, sind spezifisch auf österreichische Weiß- und Rotweine und bei der Patisserie auf einen österreichischen Sekt abgestellt. Die Weißweine sind – außer dem Wein zur Gänseleber – durchwegs trocken, und die Sorten sind sicher auch in Deutschland und der Schweiz erhältlich. Dasselbe gilt für die empfohlenen Rotweinsorten, bei denen es sich um österreichische Spitzengewächse guter Jahrgänge handelt. Die empfohlenen Sorten sind halbfett gedruckt, Jahrgänge und Lagen normal.

Spezialitätenrestaurant

Leupolds

„KUPFERDACHL“

Im Keller

Besitzer: Robert Leupold

Frühlingsmenü

Rezepte: Eduard Macku

MITTAG:

Rohkostsalate von jungem Gemüse mit Zitrone und Haselnußöl

Glacierte Spargelcremesuppe mit Frühlingskräutern

Rose vom Kalbsrücken mit Bries und Trompetenpilzen im Blätterteig

Topfensoufflé mit Erdbeersauce

Weinempfehlung:

Kahlenberger **Weißburgunder**
Jahrgang 1979
Chorherrenstift Klosterneuburg

Rohkostsalate von jungem Gemüse mit Zitrone und Haselnußöl

(Abb. S. 32)

je 20 g Zucchini, Lauch, Stangensellerie, Karotten, gelbe Rüben (alle Gemüse geputzt, gewaschen und in Julienne geschnitten)
Garnitur:
8 gekochte Wachteleier
Löwenzahn- und Veilchenblätter
Brunnen- oder Gartenkresse
Marinade:
3 EL Zitronensaft
3 EL Haselnußöl
Selleriesalz
weißer Pfeffer aus der Mühle

Die Gemüse waschen, putzen und schneiden. Jedes Gemüse getrennt 5–7 Minuten marinieren und würzen.

Präsentation: Löwenzahn- und Veilchenblätter, Brunnen- oder Gartenkresse dekorativ anrichten. Gemüsejulienne in kleinen Häufchen (auf Farbkontrast achten!) darauf placieren. Geschälte, halbierte Wachteleier einsetzen.

Zubereitungszeit: 20–25 Minuten.

Schwierigkeitsgrad: Einfach.

Glacierte Spargelcremesuppe mit Frühlingskräutern

½ kg frischer weißer Spargel
¾ l kräftige Hühnerbouillon
1 kleine Zwiebel
1 EL kalte Butter
⅛ l Obers
etwas Zitronensaft
je 1 TL Petersilie, Kerbel, Estragon, alles gehackt
Salz
weißer Pfeffer aus der Mühle
Zum Glacieren:
1 Dotter
4 EL geschlagenes Obers
Salz

Spargel sorgfältig schälen und in der Hühnerbouillon fast weich kochen (etwa 15 Minuten). Nach halber Kochzeit Zwiebel dazugeben, Spargel herausnehmen, Spitzen abschneiden, als Einlage servieren. Restlichen Spargel kleinschneiden und mit dem Fond im Mixer pürieren, passieren, abschmecken. Noch einmal aufkochen lassen, Topf vom Feuer nehmen, mit Obers und Butter montieren; Kräuter beifügen.

Präsentation: Geschlagenes Obers mit Eidotter und Salz vermengen, je einen Eßlöffel davon auf die angerichtete Suppe geben, im Salamander hellbraun glacieren oder auf der obersten Schiene im Backofen bei starker Oberhitze kurz übergrillen.

Zubereitungszeit: 55–60 Minuten.

Schwierigkeitsgrad: Einfach.

Rose vom Kalbsrücken mit Bries und Trompetenpilzen im Blätterteig

600 g ausgelöster, sauber parierter Kalbsrücken, in Medaillons zu 150 g geschnitten
280 g Hühnerbrust, feinst faschiert
weißer Pfeffer aus der Mühle
⅛ l Obers
1 Eiweiß
160 g gewässertes, blanchiertes, gehäutetes, zerpflücktes Kalbsbries
1 EL gehackte Petersilie
Saft von ½ Zitrone
200 g Trompetenpilze, frisch (oder entsprechend weniger getrocknete)
160 g frischer Blattspinat, kurz blanchiert, in Eiswasser abgeschreckt
Salz
geriebener Muskat
120 g Butter
280 g Butter- oder Blätterteig
1 Dotter
etwas Wasser zum Bestreichen des Teiges
Mehl zum Ausrollen

Für die Pfeffer-Obers-Sauce:
1 dl stark reduzierter Kalbsfond
2 dl reduziertes Obers oder Crème fraîche
je ½ TL rote und grüne Pfefferkörner
1 cl Cognac
Zitronensaft

Medaillons würzen, in heißer Butter kurz anbraten. Faschiertes Hühnerfleisch mit den Gewürzen, Obers und Eiweiß innig vermengen. Zerpflücktes Kalbsbries mit Zitronensaft beträufeln und mit gehackter Petersilie bestreuen, mit der Farce vermischen.
Frische Trompetenpilze in Butter sautieren, getrocknete in Wasser quellen lassen, trocknen, dann erst in Butter schwenken.
Blanchierten Blattspinat würzen.

Jedes Kalbsrückenmedaillon mit einem Teil der Bries-Fleischfarce belegen, dann Trompetenpilze, wieder Fleischfarce, zuletzt Blattspinat (ergibt sehr farbintensive Schichten).
Blätterteig messerrückenstark ausrollen, in Rechtecke einteilen, mit Ei bestreichen.
Medaillons mit Blattspinat nach unten aufsetzen, einschlagen, umdrehen, mit Dotter und Wasser bestreichen, auf kalt abgespültes Backblech setzen.
Medaillons etwa 25 Minuten bei 190° backen.

Sauce: In einer Kupferkasserolle Kalbsfond reduzieren, Obers oder Crème fraîche beifügen, mit Cognac und Zitronensaft abschmecken. Pfefferkörner beigeben.

Präsentation: Beim Anrichten in Salzwasser gekochte, klein ausgestochene Gemüsestückchen auf den Saucenspiegel setzen. Die Medaillons werden aufgeschnitten und schräg auf der Sauce angerichtet.

Zubereitungszeit: 70–80 Minuten.

Schwierigkeitsgrad: Kompliziert.

Topfensoufflé mit Erdbeersauce

125 g fein passierter Magertopfen
je 25 g Staub- und Kristallzucker
3 Dotter
5 Eiweiß
Saft und geriebene Schale von ½ Zitrone
Vanillezucker
Erdbeersauce:
300 g vollreife Erdbeeren
60 g Zucker
6 cl Wasser
Saft von ½ Zitrone und von ½ Orange

Dotter und halbe Menge Zucker schaumig rühren, passierten Topfen mit Schneebesen unterheben, Vanillezucker, geriebene Zitronenschale und Saft einer halben Zitrone beigeben.
Eiweiß mit Zucker zu Schnee schlagen und unter die Dotter-Topfenmasse heben.

Erdbeersauce: Erdbeeren pürieren und durch ein Sieb streichen. Zucker mit Orangen- und Zitronensaft sowie Wasser 3–4 Minuten einkochen lassen, passieren und mit dem Erdbeermus verrühren.
Topfenmasse im vorgeheizten Rohr im Wasserbad bei 200° C etwa 25 Minuten backen.

Präsentation: Soufflé auf Tellern anrichten, mit der Erdbeersauce übergießen.

Zubereitungszeit: 45 Minuten.

Schwierigkeitsgrad: Mittel.

STEIRERECK
WIEN

Besitzer: Heinz Reitbauer

Frühlingsmenü

Rezepte: Helmut Österreicher

MITTAG:

Taubenterrine mit grünem Spargel

Flußkrebsessenz mit Kümmelspatzen

Steirische Lammtorte

Weiße Portweinmousseline mit rosa Rhabarber

Weinempfehlung:

Gelber Muskateller
Jahrgang 1973
Dr. B. Hiedler & Co., Langenlois

Taubenterrine mit grünem Spargel

4 Tauben
100 g Kalbsbries
3 EL Geflügelfond
⅜ l Obers
40 g frische Spitzmorcheln
30 g Speck
80 g Zwergparadeiser
je 1 Msp Piment, Salz
weißer Pfeffer aus der Mühle
½ l Milch
300 g grüner Spargel
1 TL Zucker
1 EL Erdnußöl
je 1 EL Walnußöl und Sherryessig
Salz

Tauben ausnehmen, Lebern in einer Schüssel aufbewahren (Taubenlebern enthalten keine Galle). Tauben abflammen, Hals direkt am Körper abschneiden, Flügel entfernen. Entbeinen, entsehnen, Haut abziehen. Taubenbrüste beiseite legen.

Kalbsbries 3–4 Stunden unter kaltes, fließendes Wasser stellen, danach mit reichlich Milch langsam erhitzen und etwa 5 Minuten kochen, herausnehmen und unter kaltem Wasser abschrecken. Häute abziehen, Parüren wegwerfen.

Morcheln waschen, putzen, vierteilen.

Spargel schälen, auf gleiche Länge schneiden und zusammenbinden; stehend, die Spitzen nach oben mit 1 Teelöffel Zucker, 1 Eßlöffel Öl und Salz etwa 2 Minuten blanchieren, herausnehmen und bis zum Anrichten kaltstellen.

Taubenfleisch und Kalbsbries zweimal durch die kleinste Scheibe des Fleischwolfs drehen. Die Mischung kühlen, mit Obers und Fond vermengen und so lange rühren, bis die Farce luftig ist und einen Seidenglanz erhält.

Masse durch ein Sieb streichen, Morcheln unter die Farce heben; mit Piment, Salz und Pfeffer würzen. Terrine mit hauchdünnem Speck auslegen, Hälfte der Masse hineinstreichen, eine Lage Taubenbrüste daraufgeben, restliche Farce darüber. Im Wasserbad etwa 35 Minuten pochieren.

Kalte grüne Spargelstangen in Walnußöl und Sherryessig marinieren. Mit Salz abschmecken.

Präsentation: Die ausgekühlte Terrine in Scheiben schneiden und auf dem marinierten grünen Spargel anrichten. Mit Zwergparadeisern anrichten.

Vorbereitungszeit: 50–55 Minuten, *Zubereitungs- und Garzeit:* 50–60 Minuten.

Schwierigkeitsgrad: Ziemlich kompliziert.

MITTAGSMENÜ / SUPPE

Flußkrebsessenz mit Kümmelspatzen

16 Flußkrebse mit Corail
2 Eiweiß
300 g Schalotten
mit den Krebskarkassen angereicherter Fischfond *(s. S. 164)*
Für die Kümmelspatzen:
60 g griffiges Mehl
10 g Hefe
1 Ei
3 EL Milch
2 EL zerlassene Butter
2 gestrichene EL feingehackter Kümmel
Erdnußöl zum Ausbacken

Krebse in sprudelnd kochendem Wasser töten, kalt abschrekken und auslösen. Die Karkassen im Mixer oder Mörser zerkleinern und mit dem Fischfond vermengen.
Alle Zutaten für die Kümmelspatzen in einem Kessel vermengen und an einem warmen Ort zugedeckt zweimal 15 Minuten gehen lassen.
Den kalten Fischfond aufs Feuer stellen und mit Eiweiß und Schalotten 30 Minuten ziehen lassen. Durch ein dünnmaschiges Tuch seihen und stark reduzieren. Gleichzeitig den fertigen Spatzenteig in heißes Öl tropfen und goldbraun herausbacken.

Präsentation: In vier heiße Suppenschalen gibt man die ausgelösten Krebse und gießt die Essenz auf. Als Einlage die goldbraunen Kümmelspatzen.

Vorbereitungszeit: etwa 45 Minuten, *Zubereitungs- und Garzeit:* 40–50 Minuten.

Schwierigkeitsgrad: Relativ einfach.

MITTAGSMENÜ / HAUPTSPEISE

Steirische Lammtorte

(Abb. S. 65)

8 Lammfilets zu je 60 g
8 Lammnieren
500 g Zucchini
320 g Paradeiser
320 g Austernpilze
Nierenfett zum Anrösten
¼ l konzentrierter Lammfond
1/16 l Blauburgunder
ca. 3 EL Butter
Thymianzweige, Kümmel
weißer Pfeffer aus der Mühle
Salz

Lammfilets und -nieren salzen, pfeffern und im Nierenfett zartrosa braten. Herausnehmen und warmstellen.
Zucchini in Streifen schneiden, Paradeiser enthäuten und entkernen, Austernpilze putzen, sautieren, mit etwas Kümmel würzen. Gemüse in Butter andünsten, mit Salz und Pfeffer abschmecken. Bratfond mit dem Lammfond und dem Blauburgunder ablöschen, etwas Thymian dazugeben und auf die Hälfte einkochen. Mit der kalten Butter montieren.

Präsentation: Die Gemüse nacheinander in einen Reifen schichten, als oberste Schicht werden die dünn aufgeschnittenen Filets und die aufgeschnittenen Nieren angerichtet. Den Reifen entfernen und die Torte mit der Sauce umgießen. Servieren.

Zubereitungszeit: 55–65 Minuten.

Schwierigkeitsgrad: Ziemlich kompliziert.

Weiße Portweinmousseline mit rosa Rhabarber

400 g Rhabarber
150 g Zucker
⅛ l trockener Weißwein
½ Zimtstange
Saft von ½ Zitrone

Für die Mousseline:
¼ l weißer Portwein
20 g Zucker
2 Dotter
2 Blatt Gelatine
¼ l steifgeschlagenes Obers
2 EL Crème double

Rhabarber schälen und in 3 cm lange Stücke schneiden. Zucker leicht karamelisieren, mit Weißwein ablöschen, den Saft der ½ Zitrone, die halbe Zimtstange und den geschnittenen Rhabarber im Fond zum Sieden bringen und kaltstellen.
Gelatineblätter in kaltes Wasser einlegen.
Portwein kurz aufkochen, Crème double mit den Dottern versprudeln und in den Portwein einrühren. Das Ganze unter ständigem Rühren abkühlen. Die Gelatine abtropfen und mit dem Obers in die Masse einarbeiten. Für 1½ Stunden kühl stellen.

Präsentation: Sind die Rhabarberstücke erkaltet, legt man sie vorsichtig rund um die Mousseline.

Zubereitungszeit: etwa 25 Minuten.

Schwierigkeitsgrad: Einfach.

STEINERNE EULE

Besitzer: Karl Schaupmayr

Frühlingsmenü

Rezepte: Kurt Kaiser

ABEND:

Zwergkürbisse mit Gänseleberparfait gefüllt, auf buntem Salat
Cremesuppe von Jungzwiebeln

Hirnpalatschinken mit Spargel und Brunnenkressefüllung
Zanderfilet mit Lachs und Liebstöckel

Ribiselsorbet

Poulardenbrüstchen, in Obers und Marsala gedünstet, mit feinen, hausgemachten Nudeln
Haselnußknöderln mit Orangenschaum

Weinempfehlung:

Grüner Veltliner Kabinett, trocken
Jahrgang 1979, Ried Langenloiser Tal
Kellerei Rosenhügel, Dr. B. Hiedler & Co., Langenlois

Traminer Kabinett
Jahrgang 1982, Ried Sandgrube
Weingut der Stadt Krems
Krems an der Donau

Überkrustete Krebsschwänze mit Paprikaschoten ▷ und Whisky (Rezept S. 76)

Zwergkürbisse, mit Gänseleberparfait gefüllt, auf buntem Salat

200 g weiße Gänsestopfleber
50 g Zwiebeln, feingehackt
30 g Butter
1/16 l Obers
4 cl Madeira
2 cl Armagnac
Pastetengewürz
Salz
weißer Pfeffer aus der Mühle
600 g Zwergkürbisse (Zucchini)
verschiedene bunte Blattsalate (nach Marktlage)
Olivenjungfernöl
Sherryessig

Gänseleber enthäuten, längsseits in zwei Hälften schneiden und die Blutgefäße ausschaben.
Zwiebel mit der Butter leicht anschwitzen, Gänseleber beigeben und mit Salz, Pfeffer und Pastetengewürz würzen. Die Zucchini mit einem Sparschäler dünn abschälen. Enden beiderseits abschneiden, Frucht in zwei gleiche Hälften schneiden und in Salzwasser etwa 10 Minuten blanchieren. Nach dem Kochen in Eiswasser abfrischen, damit sie die Farbe nicht verlieren.
Mit einem Apfelausstecher das Kerngehäuse der Zucchini ausstechen.
Gewürzte Gänseleberwürfel leicht ansautieren, bis sie Farbe annehmen. Jetzt Madeira, Cognac und Obers dazugeben und nochmals leicht durchsautieren; dann das Ganze in den Mixer geben und fein pürieren, durch ein Haarsieb in eine Schüssel streichen und im Kühlschrank 1 Stunde kaltstellen.

Präsentation: Gänseleberparfait in einen Dressiersack füllen, mit der mittleren Tülle in die Zucchini spritzen und in eine Schüssel legen. Kaltstellen.

◁ *Schneckenfricassée mit Roquefortcreme (Rezept S. 113)*

Vor dem Anrichten Blattsalate säubern und waschen, mit Salz, Zitronensaft, Öl und Essig marinieren und auf kalten Tellern anrichten. Gefüllte Zucchini in 2 cm dicke Scheiben schneiden und auf die Blattsalate legen.

Zubereitungszeit: 50–60 Minuten.

Schwierigkeitsgrad: Kompliziert.

ABENDMENÜ / SUPPE

Cremesuppe von Jungzwiebeln

6 Jungzwiebeln im Grün, die Zwiebeln blättrig geschnitten, das Grün zerkleinert
20 g Butter zum Anschwitzen
3/8 l heller Kalbsfond zum Ablöschen
1/8 l flüssiges Obers
50 g frische Butter zum Montieren
weißer Pfeffer aus der Mühle
Salz

Die Jungzwiebeln mit Grün in der Butter etwas anschwitzen, mit dem hellen Kalbsfond auffüllen und kurz durchkochen lassen.
Im Mixer bei stärkster Stufe fein pürieren, durch ein Haarsieb passieren, das flüssige Obers dazugeben und nochmals aufkochen lassen, vom Feuer nehmen und mit frischer Butter montieren (Stabmixer).
Mit Salz und Pfeffer abschmecken.

Präsentation: Mit Obershäubchen und feingehacktem Schalottengrün servieren.

Zubereitungszeit: 25–30 Minuten.

Schwierigkeitsgrad: Ziemlich leicht.

Hirnpalatschinken mit Spargel- und Brunnenkressefüllung

130 g Kalbshirn
30 g feingeschnittene Zwiebeln
150 g Butter
3 Eier
50 g Mehl
weißer Pfeffer aus der Mühle
Salz
Fülle:
8 Stangen geschälter, in Salzwasser gekochter Spargel
160 g Brunnenkresse
100 g blanchierte, geschälte, entkernte Paradeiswürfel (Tomates concassées)
Für die Sauce Mousseline:
2 Dotter
1 EL Bouillon
1/8 l flüssige Butter
1/16 l geschlagenes Obers
2 TL Zitronensaft
Salz
weißer Pfeffer aus der Mühle

Kalbshirn in lauwarmes Wasser legen, damit sich das Blut ablöst, nachher auch noch die Häute entfernen. Auf Küchenkrepp legen, um das verbliebene Wasser aufzusaugen. Anschließend das Kalbshirn in kleine Stücke schneiden und mit den in der Butter angeschwitzten Zwiebeln kurz durchrösten. Die Eier beimengen, salzen und pfeffern. Alles in den Mixer geben und solange mixen, bis eine feine Masse entsteht. In eine Schüssel gießen und das Mehl mit einer Schneerute einrühren.
Kresse von den Stielen befreien und in Butter ansautieren.
Aus dem Teig in einer Pfanne mit Butter acht gleichmäßige Palatschinken backen.
Die Palatschinken mit Kresse und Paradeiswürfeln belegen, in die Mitte eine Stange Spargel geben und die Palatschinken einrollen.

Sauce Mousseline: Dotter mit Salz, Pfeffer und Bouillon im Schneekessel über Dunst langsam cremig rühren, nach und nach die geklärte, flüssige Butter einrühren und schließlich das geschlagene Obers vorsichtig darunterziehen. Die gefüllten Palatschinken in eine Kasserolle legen, mit Sauce Mousseline übergießen und im Rohr bei etwa 240° C überkrustet.

Präsentation: Je zwei Palatschinken auf einen vorgewärmten Teller legen und mit Kresse oder Schnittlauch bestreuen.

Zubereitungszeit: 55–65 Minuten.

Schwierigkeitsgrad: Kompliziert.

ABENDMENÜ / FISCH

Zanderfilets mit Lachs und Liebstöckel

4 enthäutete Zanderfilets zu je 120 g
240 g frischer Lachs
Liebstöckelblätter
1/8 l Fischfond
2 cl Cognac
2 cl Pernod
1/8 l Obers
80 g frische Morcheln
Saft einer Zitrone
Salz
weißer Pfeffer aus der Mühle

Zanderfilets längsseits einschneiden, aufklappen, zwischen geöltem Pergamentpapier vorsichtig dünn nachklopfen.
Den Lachs, abgezogen und entgrätet, etwas zerkleinern, mit 1/16 l Obers, Zitronensaft, Salz und Pfeffer im Mixer gut pürieren, durch ein Haarsieb streichen und abschmecken.
Von den Zanderfilets das obere Pergament entfernen, die Filets salzen und pfeffern, mit der Lachsfülle bestreichen und mit Liebstöckelblättern belegen. Mit Hilfe des unteren Pergaments sie fest einrollen. Pergament durch Alufolie ersetzen, Enden gut verschließen und 20 Minuten im Dampf garen. Auswickeln, warmstellen.

In einer Fischsauteuse den Fischfond mit verbliebenem Obers, Cognac, Pernod und den gereinigten Morcheln auf die Hälfte reduzieren. Morcheln herausheben und warmstellen. Die Sauce mit der frischen Butter mittels Mixstab montieren.

Präsentation: Die Sauce auf die Teller verteilen, die Zanderröllchen in gefällige Scheiben schneiden und auf die Sauce setzen. Mit den Morcheln garnieren und einige frische Liebstöckelblätter auf der Sauce verteilen.
Als Beilage werden hübsch zugeschnittene gekochte Erdäpfel gereicht.

Zubereitungszeit: 60–65 Minuten.

Schwierigkeitsgrad: Kompliziert.

ABENDMENÜ / SORBET

Ribiselsorbet

½ l Wasser
150 g Zucker
500 g Ribisel, gerebelt
90 g Zucker
2 cl Cassis

Wasser mit Zucker bis zum Faden kochen lassen.
Ribisel mit Zucker und Cassis durch ein Sieb streichen und in das Zuckerwasser geben.
Masse in die Sorbetière geben und 12–15 Minuten frieren.

Präsentation: In Gläser oder Schalen füllen, nochmals 3–4 Minuten kühlen.

Zubereitungszeit: 10–12 Minuten, *Gefrierzeit:* wie angegeben.

Schwierigkeitsgrad: Einfach.

Poulardenbrüstchen, in Obers und Marsala gedünstet, mit feinen, hausgemachten Nudeln

4 Brüstchen von
2 Poularden, insgesamt
etwa 500 g
½ l Hühnerfond
400 g Butter
¼ l Obers
¼ l Marsala
weißer Pfeffer aus der Mühle
Salz
frischer Kerbel

Für den Nudelteig:
3 Eier
300 g glattes Mehl
30 g flüssige Butter
Salz
Mehl zum Ausrollen
3 EL Erdnußöl zum Kochen

Poulardenbrüste auslösen, wobei der abgeschabte Flügelknochen daran bleiben sollte, enthäuten, mit Küchenkrepp abtupfen.
Den Fond mit Marsala und Obers in eine passende Kasserolle geben und kurz aufkochen.
Nudeln: Die Zutaten vermengen und durch kräftiges Kneten zu einem Teig verarbeiten. ½ Stunde rasten lassen, ausrollen, in dünne Streifen schneiden.
Poulardenbrüstchen salzen, pfeffern, in die Kasserolle mit der Flüssigkeit einlegen und zugedeckt dünsten, bis sie gar sind. Aus der Kasserolle nehmen und warmstellen.
Die verbliebene Sauce mit den Butterflocken versetzen und solange kochen, bis die Sauce samtig wird. Mit dem Mixstab kurz aufmontieren und abschmecken.
Nudeln: In heißem Wasser mit Öl solange ziehen lassen, daß sie am Ende noch einen Kern aufweisen.
Präsentation: Brüstchen filetieren und gefächert mit der Sauce anrichten; Kerbelblätter auf die Sauce legen.
Zubereitungszeit: etwa 60 Minuten, die Ruhezeit für den Teig nicht eingerechnet.
Schwierigkeitsgrad: Ziemlich einfach.

Haselnußknöderln mit Orangenschaum

500 g 20%iger Topfen
50 g Staubzucker
70 g glattes Mehl
1 Ei
80 g geriebene Haselnüsse
100 g Marzipan
30 g flüssige Butter
geriebene, angeröstete Haselnüsse zum Wälzen
1 Dotter
2 EL Zucker
1/16 l Orangensaft
1/8 l Obers

Haselnüsse anrösten. Topfen, Ei, Mehl, Zucker, Nüsse und Butter zu einem Teig verarbeiten.
Marzipan zu kleinen Kugerln formen.
Orangenschaum: Dotter, Zucker und Orangensaft im Schneekessel über Dunst schäumig rühren, dann das Schlagobers vorsichtig darunterziehen.
Aus der Masse Knöderln machen und mit den Marzipankugerln füllen.
Die Knöderln etwa 10 Minuten in heißem Wasser ziehen lassen, aus dem Wasser nehmen und in einer Pfanne in gerösteten, geriebenen Haselnüssen mit Staubzucker wälzen.

Präsentation: Auf warmen Tellern anrichten und mit Orangenschaum servieren.

Zubereitungszeit: etwa 45 Minuten.

Schwierigkeitsgrad: Ziemlich einfach.

Günther und Ursula

Gass

2100 Korneuburg · Tuttendörfl 6

Donaurestaurant „Tuttendörfl"

Donauterrasse

Besitzer: Günther Gass

Frühlingsmenü

Rezepte: Günther Gass

ABEND:

Hühnerbrust auf Gemüsedressing mit geschälten Weintrauben

Klare Forellensuppe mit Forellennockerln

Gefüllte Erdäpfel-Topfen-Knödel

Angler (Seeteufel) auf Blattspinat, gratiniert

Holundersorbet

Gefüllter Gervaisrostbraten

Gefüllte Birne auf Topfencreme mit Erdbeermark

Weinempfehlung:

Roter Veltliner Kabinett
Jahrgang 1981, Ried Reisenthal
Weingut Mantlerhof, Gedersdorf

Langenloiser **Blaufränkischer Kabinett**
Jahrgang 1981, Weingut Sonnhof
J. Jurtschitsch OHG, Langenlois

Hühnerbrust auf Gemüsedressing mit geschälten Weintrauben

300 g ausgelöste Hühnerbrust
100 g Vogerlsalat
50 g Knollensellerie
20 g Karotten
20 g Lauch
100 g Weintrauben, geschält und entkernt
1 Dotter
1/16 l Nußöl
Weinessig
Salz
weißer Pfeffer aus der Mühle

Gemüse in Salzwasser weichkochen, im Mixer pürieren, mit Essig und dem Dotter vermengen; dann unter ständigem Rühren mit dem Schneebesen das Öl nach und nach beimengen, mit Salz und Pfeffer abschmecken.
Hühnerbrust 3–4 Minuten anbraten, salzen, in dünne Scheiben schneiden, auf Vogerlsalat anrichten und mit dem Gemüsedressing überziehen.

Präsentation: Das Ganze mit geschälten Weintrauben garnieren und servieren.

Schwierigkeitsgrad: Einfach.

Klare Forellensuppe mit Forellennockerln

1 Forelle zu 300 g
20 g Lauch
50 g Knollensellerie
50 g Karotten
1 Lorbeerblatt
10 Pfefferkörner
½ l Fischfond
1 Eiweiß
1/16 l Obers
1/16 l trockener Weißwein
Salz
weißer Pfeffer aus der Mühle

Forelle auslösen, mit der Hälfte der Gemüse und den Gewürzen langsam 10 Minuten kochen, durch ein Tuch abseihen.
Forellenfleisch faschieren, mit dem Eiweiß vermengen, langsam das Obers einrühren, salzen, pfeffern, mit dem Kaffeelöffel daraus kleine Nockerln formen.
Restliches Gemüse in Streifen schneiden.
Gemüsejulienne im Fischfond weichkochen, Weißwein dazugeben, die Nockerln darinnen aufkochen.

Präsentation: Mit Schnittlauch bestreut servieren.

Zubereitungszeit: etwa 30 Minuten.

Schwierigkeitsgrad: Mittel.

Gefüllte Erdäpfel-Topfen-Knödel

Teig:
150 g Topfen
300 g gekochte Erdäpfel (kalt)
50 g griffiges Mehl
2 Eier
Salz

Fülle:
10 g Schinken
20 g Zwiebeln
1 Bund Petersilie
2 Dotter
30 g Butter
Salz
weißer Pfeffer aus der Mühle

Butter in der Pfanne zerlassen, feingeschnittene Zwiebeln und feingeschnittenen Schinken darin etwas rösten, die Dotter dazumengen, gut verrühren und kaltstellen. Die Petersilie in die kalte Masse mengen. Topfen und Erdäpfel passieren, mit Eiern und Mehl vermengen und zu einem Teig formen.
Erkaltete Schinkenmasse zu kleinen Knöderln formen, mit der Erdäpfel-Topfenteigmasse umhüllen und in Salzwasser kochen.

Präsentation: Mit zerlassener brauner Butter übergießen und anrichten.

Zubereitungszeit: 50–55 Minuten.

Schwierigkeitsgrad: Ziemlich einfach.

Angler (Seeteufel) auf Blattspinat gratiniert

4 Anglerfilets zu je 150 g
1 kg Blattspinat
3 Dotter
Muskat
Petersilie
weißer Pfeffer aus der Mühle
1/16 l Obers
500 g geschälte Erdäpfel
1/2 l Fischfond

Blattspinat blanchieren, gut auspressen, mit Salz und Pfeffer würzen. Anglerfilets im Fischfond leicht überdämpfen, auf Blattspinat legen. Dotter in das geschlagene Obers mengen, mit den Gewürzen abschmecken.
Obers-Dotter-Gemisch über die Fischfilets geben und gratinieren.

Präsentation: Mit Salzerdäpfeln servieren.

Schwierigkeitsgrad: Relativ einfach.

Holundersorbet

2 cl Gin
1/4 l frischer Holundersaft
1/4 l Sekt
100 g Zucker
Saft einer Orange

Zutaten verrührt in die Sorbetière geben und bis zur gewünschten Steife rühren.

Präsentation: In Kelchen servieren, einige Holunderbeeren daraufsetzen.

Zubereitungszeit: Etwa 10 Minuten.

Schwierigkeitsgrad: Einfach.

Gefüllter Gervaisrostbraten

4 Rostbraten zu je 180 g
200 g Gervais
50 g Butter
2 Eier
6 Toastscheiben, entrindet, kleinwürfelig geschnitten
Petersilie
Salz
weißer Pfeffer aus der Mühle
$\frac{1}{16}$ l Obers
1 TL Mehl
$\frac{1}{16}$ l Sauerrahm
$\frac{1}{16}$ l Rotwein (St. Laurent)

Butter schaumig rühren, Gervais und Eier dazurühren, die Toastwürfel daruntermengen, mit Petersilie, Salz und Pfeffer würzen.
Rostbraten ausklopfen, mit der Fülle dünn bestreichen, einrollen und mit Spießchen zusammenhalten. Rasch auf beiden Seiten anbraten.
Rostbraten im Rohr 20 Minuten dünsten. Aus der Pfanne nehmen und warmstellen.
Wein, Obers und Sauerrahm mit dem Mehl verrühren, in den Bratenrückstand gießen, aufkochen lassen, durch ein Sieb passieren, Rostbraten hineinlegen und nochmals erhitzen.

Präsentation: Rostbraten mit der Sauce nappieren und mit Bandnudeln servieren.

Zubereitungszeit: Etwa 50 Minuten.

Schwierigkeitsgrad: Ziemlich kompliziert.

Gefüllte Birne auf Topfencreme mit Erdbeermark

(Abb. S. 176)

4 Birnen
100 g Erdbeeren
½ Zimtrinde
10 Gewürznelken
Zitronenschale
100 g 20%iger Topfen
⅛ l Obers
⅛ l Sauerrahm
80 g Staubzucker
Vanillezucker
¼ l Weißwein (Muskat)
¼ l Wasser

Wasser, Wein, Zimt, Nelken, Zitronenschale, Vanillezucker und 20 g Zucker aufkochen, die vier geschälten, entkernten Birnen kurz darin kochen und kaltstellen.
Die Erdbeeren mit 20 g Zucker passieren, Topfen mit Rahm und restlichem Staubzucker vermengen, Obers schlagen und darunterziehen.

Präsentation: Topfencreme auf vier Teller verteilen; die kalten Birnenhälften mit Erdbeermark füllen und auf die Creme setzen. Servieren.

Schwierigkeitsgrad: Einfach.

RESTAURANT SAILER

Besitzer: Johannes Sailer

Sommermenü

Rezepte: Helmut Röver

MITTAG:

Junge Fisolen mit Kernöljoghurt und geräuchertem Bauernspeck
Kalte Paradeissuppe

Mit Lauch gefülltes Schweinsfilet in Veltlinersauce
Marillenstrudel mit Nüssen

Weinempfehlung:

Grüner Veltliner, Ried Krems Hollenburg
Hollenburger Jubiläumsfaß Jungfernwein 1980
Schloßweingut Freiherr von Geymüller

Junge Fisolen mit Kernöljoghurt und geräuchertem Bauernspeck

400 g junge Fisolen
¼ l Joghurt
2 EL Kernöl
1 Zehe Knoblauch
150 g Bauernspeck
Salz
weißer Pfeffer aus der Mühle

Dressing aus Joghurt, Kernöl, Salz, Pfeffer und etwas Knoblauch zubereiten.
Die jungen, frischen Fisolen werden geputzt, gewaschen und in Salzwasser nicht zu weich gekocht. Danach abseihen und kalt stellen.
Die Fisolen mit dem Dressing vermengen und 10 Minuten ziehen lassen.
In der Zwischenzeit den kleingeschnittenen Bauernspeck knusprig rösten.

Präsentation: Der Speck wird noch heiß auf dem Salat angerichtet.

Zubereitungszeit: 30–35 Minuten.

Schwierigkeitsgrad: Einfach.

Milchlammrücken in Rosmarinbutter ▷
(Rezept S. 89)

Kalte Paradeissuppe

300 g Paradeiser
1 kleine Zwiebel
1 Karotte
1 Apfel
1 EL Zucker
$\frac{1}{4}$ l Bouillon
Salz
Erdnußöl
$\frac{1}{16}$ l geschlagenes Obers
kleingewürfelter, gebutterter Toast

Paradeiser blanchieren, schälen und klein würfeln, Apfel schälen und klein würfeln, Zwiebel nudelig und Karotte in dünne Scheiben schneiden, in etwas Öl leicht anrösten. Gemüse mit $\frac{1}{4}$ l Bouillon aufgießen und 30 Minuten leise köcheln lassen. Mit Zucker und etwas Salz abschmecken. Passieren, auskühlen lassen und im Kühlschrank kaltstellen.

Präsentation: Mit einem Gupf Schlagobers und kleinen, gebutterten Toastwürfeln servieren.

Zubereitungszeit: Etwa 45 Minuten.

Schwierigkeitsgrad: Einfach.

MITTAGSMENÜ / HAUPTSPEISE

Mit Lauch gefülltes Schweinsfilet in Veltlinersauce

(Abb. S. 128)

4 Schweinsfilets zu je 150 g
1 Stange Lauch
Petersilie
$\frac{1}{4}$ l Obers
$\frac{1}{8}$ l Veltliner
100 g Butter
Salz

Lauch putzen, sorgfältig waschen, schneiden und in Butter auf kleiner Flamme dämpfen.

◁ *Steirische Lammtorte*
(Rezept S. 46)

Schweinsfilets leicht klopfen, Lauch in die Mitte des Fleisches geben und zusammenklappen, in heißer Pfanne beidseitig anbraten und warmstellen.
Bratenrückstand mit Wein aufgießen; Obers mit dem Schneebesen einrühren, mit etwas Butter montieren.

Präsentation: Filets mit Petersilie bestreuen, mit Saft nappieren, mit Blattspinat und Buttererdäpfeln servieren.

Zubereitungszeit: Etwa 25 Minuten.

Schwierigkeitsgrad: Ziemlich einfach.

MITTAGSMENÜ / DESSERT

Marillenstrudel mit Nüssen

1 Paket Strudelblätter
300 g Marillen
100 g Zucker
100 g kleingehackte Walnüsse
$\frac{1}{16}$ l Marillenlikör

Marillen waschen, entkernen und vierteln, mit Zucker und etwas Marillenlikör vermischen und 10 Minuten ziehen lassen.
Marillen auf Strudelblätter geben und gehackte Nüsse darüberstreuen.
Strudelblätter einschlagen, mit Butter bestreichen, hufeisenförmig auf ein Backblech legen und bei 200° C 30 Minuten im Rohr backen.

Präsentation: Mit Staubzucker bestreuen und servieren.

Schwierigkeitsgrad: Einfach.

STEINERNE EULE

Besitzer: Karl Schaupmayr

Sommermenü

Rezepte: Kurt Kaiser

MITTAG:

Mousse vom Räucheraal auf Paradeisbutter

Spinatrahmsuppe mit Käseschaum

Ente in Blauburgunder mit grünem Pfeffer und Kräuterknöderln

Erdbeeren mit Nüssen in Blätterteig

Weinempfehlung:

Haugsdorfer **Blauburgunder,** Ried Sonnen
Weingut Ing. Josef Lust
Haugsdorf

Mousse vom Räucheraal auf Paradeisbutter

350 g Räucheraal
1 Sträußel frischer Estragon, gehackt
1/16 l flüssiges Obers zum Mixen
1/4 l geschlagenes Obers
3 Blatt Gelatine
2 cl Cognac
weißer Pfeffer aus der Mühle
Salz

Für die Paradeisbutter:
150 g Fleischparadeiser
30 g Butter
Saft von 1/2 Zitrone
Salz
weißer Pfeffer aus der Mühle

Räucheraal erst entgräten, dann enthäuten, im Mixer mit dem flüssigen Obers, Cognac, Salz und Pfeffer fein pürieren. Inzwischen Blattgelatine in kaltem Wasser 5 Minuten einweichen.
Paradeiser blanchieren, abziehen; mit der Butter und den Gewürzen in einer Kasserolle etwa 10 Minuten langsam verkochen lassen, anschließend in den Mixer geben und fein pürieren, durch ein feines Sieb passieren, mit Zitronensaft abschmecken und kaltstellen.
Aalpüree in einem Gefäß etwas aufwärmen. Gelatineblätter ausdrücken und trocken beigeben, bis sie schmelzen. Das geschlagene Obers leicht darunterziehen und den gehackten Estragon hinzufügen.
In eine Schüssel füllen und im Kühlschrank etwa 1 Stunde erkalten lassen.

Präsentation: Mit einem im Wasser erhitzten Löffel Nocken ausstechen, mit der Paradeisbutter auf kalten Tellern anrichten und mit frischen Estragonblättern verzieren.
Dazu empfiehlt sich getoastetes Schwarzbrot.

Zubereitungszeit: 45–50 Minuten.

Schwierigkeitsgrad: Ziemlich leicht.

Spinatrahmsuppe mit Käseschaum

150 g frischer Blattspinat, geputzt und gewaschen
$\frac{1}{4}$ l Sauerrahm
1 Dotter
$\frac{1}{4}$ l flüssiges Schlagobers
2 dl Kalbsfond
40 g geriebener Emmentaler
Salz
weißer Pfeffer aus der Mühle
Muskat

Die Hälfte des Spinats im Mixer mit dem Kalbsfond pürieren. Mit dem verrührten Sauerrahm mit $\frac{1}{8}$ l Obers verkochen, mit Salz und Pfeffer würzen, mit Dotter legieren.

Käseschaum: $\frac{1}{8}$ l Schlagobers aufschlagen, geriebenen Emmentaler untermengen, mit Salz, Pfeffer und Muskat würzen.
Den restlichen Spinat kleinschneiden und in die Suppe geben, nochmals kurz aufkochen lassen, in die Tassen füllen und den Käseschaum darüber verteilen.

Präsentation: Im Salamander oder auf der obersten Schiene des Backofens kurz überbräunen und heiß zu Tisch bringen.

Zubereitungszeit: Etwa 25 Minuten.

Schwierigkeitsgrad: Einfach.

Ente in Blauburgunder mit grünem Pfeffer und Kräuterknöderln

2 junge Enten zu je 2 kg
1 mittlere Zwiebel
5 ungeschälte Knoblauchzehen
1 l Geflügelfond
1 l Blauburgunder
Salz
Rosmarin
Gewürznelken
2 cl Cognac
1 Zweig Rosmarin
zerdrückte Pfefferkörner
weißer Pfeffer aus der Mühle
grüner Pfeffer
Entenfett

Für die Kräuterknöderln:
300 g passierter 20%iger Topfen
2 Dotter
20 g flüssige Butter
20 g glattes Mehl
10 g gemischte Kräuter, gehackt (Basilikum, Estragon, Thymian, Kerbel, Kresse)
Salz
weißer Pfeffer aus der Mühle

Enten ausnehmen, auswaschen. Brüste und Keulen abtrennen und die Haut abziehen. Kragen und Flügel abtrennen und beiseite legen.
Erwärmten Geflügelfond mit 1 l Blauburgunder ablöschen, Rosmarin, Knoblauch, Pfefferkörner und 3 Gewürznelken dazugeben, 1 Stunde zugedeckt zügig kochen lassen; abseihen.
Kräuterknöderln: Den passierten Topfen vorerst in einen Kessel geben, salzen und pfeffern, flüssige Butter, Dotter, und Kräuter dazufügen und fest vermengen. Am Ende das Mehl zugeben und nochmals gut vermischen.
Abgezogene Entenkeulen salzen, pfeffern, anbraten, in eine passende Kasserolle geben, mit dem verbliebenen Enten-Rotweinfond aufgießen, bei Bedarf Blauburgunder nach-

gießen, damit die Keulen bedeckt sind; weichdünsten, Keulen herausnehmen und warmstellen.
Verbliebenen Fond auf $\frac{1}{8}$ l einkochen, Cognac beigeben (es soll eine leicht sirupartige Konsistenz entstehen). Enthäutete Entenbrüste salzen, pfeffern und mit etwas Entenfett rosa braten.
Kräuterknöderln: 12 kleinere Knöderln formen und im Salzwasser etwa 10 Minuten leicht kochen lassen. Dann mit einem Schaumlöffel herausnehmen.

Präsentation: Die Entenbrüste in dünne Scheiben schneiden, je eine Brust auf einen Teller setzen, Keulen beim Gelenk durchtrennen und auf die Teller verteilen, mit der Sauce nappieren und mit grünem Pfeffer garnieren. Als Beilage kann man junge Gartenkarotten servieren. Die Kräuterknöderln werden getrennt gereicht.

Zubereitungszeit: Etwa 2 Stunden, 20 Minuten.

Schwierigkeitsgrad: Ziemlich kompliziert!

Erdbeeren mit Nüssen in Blätterteig

1 Blätterteig nach Rezept (s. S. 169)
100 g geriebene Walnüsse
1/16 l Milch
1/2 EL Zucker
2 EL Rum
1 TL Zimt
1 TL Vanillinzucker
20 g Rosinen
12 große frische Erdbeeren
150 g Erdbeeren
50 g Staubzucker
etwas Zitronensaft

Milch mit Zucker, Zimt, Rosinen, Rum und Vanillinzucker in einer Kasserolle aufkochen. Die Nüsse beigeben und einkochen lassen, bis sich eine Masse bildet. Den Blätterteig in 12 gleich große Felder schneiden, auf diese die Nußmasse aufteilen, jeweils eine entstielte, große Erdbeere daraufsetzen und die 4 Blätterteigenden nach oben verschließen.
Erdbeermark: Erdbeeren mit Zucker und Zitrone im Mixer pürieren.
Die Stücke auf ein trockenes Backblech legen und im Backrohr bei etwa 260° C etwa 15 Minuten backen.

Präsentation: Die Erdbeertascherln aus dem Backrohr nehmen, mit Staubzucker bestreuen und mit Erdbeermark servieren.

Zubereitungszeit: 30–35 Minuten.

Schwierigkeitsgrad: Ziemlich einfach.

Kellner's Altwienerhof

Besitzer: Rudolf Kellner

Sommermenü

Rezepte: Rudolf Kellner

ABEND:

Geeistes Fischragout mit roten Rüben und Sauerrahm
Geflügelconsommé mit Wannerl

Überkrustete Krebsschwänze mit Paprikaschoten und Whisky
Waller auf Semmelkren

Kümmelsorbet

Entenkoteletts mit grünen Nüssen

Akazienblüten in Backteig

Weinempfehlung:

Kremser **Rheinriesling** Ried Galgenberg
Jahrgang 1981, Gräflich Stubenberg'sche Gutsverwaltung, Schloß Walkersdorf bei Krems

Blauburgunder (Pinot noir)
Jahrgang 1979 Klosterkellerei Siegendorf
Conrad Pathenhofers Söhne

Geeistes Fischragout mit roten Rüben und Sauerrahm

Je 200 g Waller- und Lachsforellenfilets
je 150 g Aal, Hechtfilet und geputzte Calamari
4 Jakobsmuscheln
150 g Zwiebeln
je 100 g Karotten, Stangensellerie, Lauch und rote Rüben
50 g Kren
3 Eiweiß
½ l Weißwein
8–10 Blatt Gelatine
4 EL Sauerrahm
Erdnußöl
½ l Fischfond

Fische putzen, entgräten, in 2–3 cm lange Streifen schneiden. Wurzeln tournieren (in Form von Knoblauchzehen schneiden). Zwiebel auf eine Knolle von 5 cm schälen. Diese knoblauchzehenförmig kleinschneiden. Lauch in Julienne schneiden. Jede Gemüseart separat auf den Punkt garen. Abfälle vom Fisch mit dem Rest des Wurzelwerks durch die grobe Scheibe des Fleischwolfs drehen. Eiklar gut darunterrühren, mit dem erkalteten Fischfond mischen. Auf kleiner Flamme langsam aufkochen und ½ Stunde ziehen lassen, durch ein Tuch passieren, auf die Hälfte reduzieren, die aufgeweichten Gelatineblätter dazugeben, abschmecken.
Etwas Kren und rote Rüben reißen, damit den geklärten Fond nachfärben und aromatisieren.
In großen Suppentellern kaltstellen.
Fischfilets und Muscheln würzen und im Dampf oder Fischfond kurz garen.

Präsentation: Auf der gestockten Suppe Fischfilets und Muscheln sowie das Gemüse gefällig placieren, mit Sauerrahm verzieren und mit Lauchjulienne bestreuen. Kalt servieren.

Anmerkung: Kalte Suppen nur kalt abschmecken!

Zubereitungszeit: Etwa 100 Minuten.

Schwierigkeitsgrad: Ziemlich kompliziert.

ABENDMENÜ / SUPPE

Geflügelconsommé mit Wannerl

Suppe:
1 Suppenhuhn
1 große mit Nelken gespickte Zwiebel
2 l Wasser
je 100 g Karotten und Stangensellerie
Champignonabfälle
Lorbeerblatt
Thymian
Pfefferkörner
Salz
2 Eiweiß

Wannerl:
200 g weiße Hühnerleber
150 g Hühnermägen
je 100 g Hühnerherzen und Hahnenkämme
50 g Hahnennieren
⅛ l Obers
5 cl roter Portwein
Pastetengewürz
Salz
weißer Pfeffer aus der Mühle

Suppenhuhn ohne Keulen mit dem Bouquet garni im Wasser zum Kochen bringen und 2 Stunden langsam ziehen lassen. Durch ein Sieb passieren und kaltstellen. Die ausgelösten Keulen mit dem Rest des Wurzelwerks grob passieren, mit Eiweiß versetzen und unter die kalte Suppe mengen.
Wannerl: Mägen und Herzen putzen, Hahnenkämme blanchieren und abziehen, Nieren häuten. 45 Minuten kochen. Hühnerleber, Eiweiß, Obers, Portwein und Gewürze im Mixer pürieren, abschmecken und mit den gekochten Innereien vermengen.

Suppe langsam aufkochen und etwa 1 Stunde köcheln lassen, dann abseihen und abschmecken.
Wannerlmasse in gebutterte Formen gießen und langsam im Wasserbad bei 160° C etwa 35 Minuten (nach Art der Form auch länger) pochieren (gleichzeitig mit dem Kochen der Suppe).

Präsentation: Wannerlscheiben aufschneiden und in der Suppe servieren. Suppe mit Schnittlauch bestreuen.

Zubereitungszeit: 4 Stunden, 20 Minuten (inclusive Kochzeit).

Schwierigkeitsgrad: Mittel.

ABENDMENÜ / WARME VORSPEISE

Überkrustete Krebsschwänze mit Paprikaschoten und Whisky

(Abb. S. 48)

1,5 kg Krebse
50 g Schalotten
½ l Weißwein
1 dl abgezogene, entkernte Paradeiser püriert
¼ l Obers
50 g Trüffeln
100 g grüne Paprikaschoten
1 dl schottischer Whisky
100 g Butter
3 Dotter
Bouquet garni
4 vorgebackene Pastetchen aus Maismehlblätterteig, Rezept S. 77
Pfeffer aus der Mühle
Salz

Die Krebse nacheinander kopfüber in den schon ½ Stunde kochenden Sud aus Weißwein und Bouquet garni stoßen. 3–4 Minuten kochen, herausnehmen und kaltwerden lassen. Dann erst Scheren und Schwänze schälen.
Karkassen im Mörser zerstampfen, im Sud noch rund 30 Mi-

nuten mitkochen, dann abseihen und den Sud auf ½ l reduzieren. Schalotten schälen und weichkochen, Paprika kleinwürfelig schneiden.

Maismehlblätterteig:
In einer Sauteuse Schalotten und Paprikaschoten mit etwas Butter anschwitzen, pürierte Paradeiser dazugeben, mit Krebssud aufgießen und fast zur Gänze einkochen. ¾ des Obers dazufügen und wieder fast gänzlich reduzieren. Whisky mit den Eidottern versprudeln und unter die Reduktion mischen, langsam anziehen lassen (nicht zum Kochen bringen!) und die Butter daruntermontieren. Das restliche Obers schlagen, beimengen und mit Salz und Pfeffer abschmecken, zu flachen Pastetchen formen und diese im warmen Ofen erhitzen.
Krebsschwänze und -scheren auf den vorgebackenen Maisblätterteig placieren, mit der Sauce nappieren, gratinieren.

Präsentation: Pastetchen auf einzelnen Tellern anrichten, mit Sauce umkränzen.

Zubereitungszeit: Etwa 1¾ Stunden.

Schwierigkeitsgrad: Kompliziert.

Waller (Wels) auf Semmelkren

1,5 kg Waller
½ l Riesling
je 150 g Karotten, Schalotten, Lauch und Stangensellerie
Lorbeer
Thymian
Pfefferkörner
weißer Pfeffer aus der Mühle
Salz
1 Prise Kümmelpulver
Schnittlauch
150 g Butter
Für den Semmelkren:
1–2 Wachaucher Laibchen
1 TL Senf
1 EL gerissener Kren
150 g Butter

Den Waller filetieren und in 4 gleich große Portionen schneiden. Abfälle und Karkassen mit dem Wurzelwerk kurz anschwitzen, ohne sie Farbe nehmen zu lassen, mit dem Wein und etwas Wasser aufgießen, zerkleinertes Gemüse dazugeben und 30 Minuten kochen. Dann passieren und auf etwa 3 dl einkochen. Die beiden Wachauer in 1 cm große Würfel schneiden und im Fond 4–5 Minuten mitkochen. Die Prise Kümmelpulver und Salz, etwas Senf und den gerissenen Kren unterziehen, mit Butter montieren und abschmecken.
Den Waller würzen, mit Butter bestreichen und unter starker Oberhitze 5 Minuten garen.

Präsentation: Den Semmelkren auf die Teller geben, mit feingehacktem Schnittlauch bestreuen und die Wallerfilets darauf anrichten.

Zubereitungszeit: 1 Stunde, 10 Minuten.

Schwierigkeitsgrad: Einfach.

Kümmel-Sorbet

¼ l Wasser
¼ l Sekt
4 cl Kümmellikör
70 g Zucker
30 g Kümmelpulver
1 Limonette

Das erhitzte Wasser mit dem Zucker und dem Kümmelpulver etwa 3–4 Minuten ziehen lassen, durch ein Tuch seihen und kaltstellen.
Flüssigkeit mit dem Sekt, dem Likör und dem Saft der Limonette vermengen und in der Sorbetière gefrieren lassen.

Präsentation: In Kelchen oder Schalen servieren, nach Belieben garnieren.

Zubereitungszeit: 10–15 Minuten, *Gefrierzeit:* etwa 10 Minuten.

Schwierigkeitsgrad: Leicht.

Entenkoteletts mit grünen Nüssen

100 g Schweinsnetz, geviertelt
2 junge Enten (je etwa 1750 g–2 kg)
200 g kurzes Schweinskarree
100 g grüner Speck
2 Eiweiß
1 dl Obers
50 g Pistazien
50 g Trüffeln
1 dl Madeira
1 dl Cognac
Pastetengewürz
weißer Pfeffer aus der Mühle
Salz
Majoran

Sauce:
400 g Wurzelwerk
¼ l Weißwein
Bouquet garni
50 g Schalotten
100 g Eierschwammerln
150 g Entenstopfleber
150 g Butter
1 dl Madeira
1 dl Cognac
Erdnußöl
Salz
weißer Pfeffer aus der Mühle
400 g grüne Nüsse
50 g Butter
½ l Wasser
100 g Zucker
1/16 l Armagnac

Die grünen Nüsse (man muß sie noch mit einer Nadel durchstechen können) werden mit Zucker und Armagnac 2 Tage im Wasser gebeizt.
Entenkeulen und -brüste mit Flügelknochen von der Karkasse trennen, Keulen auslösen und enthäuten. Flügelknochen ganz abschaben, aber nicht von der Brust trennen. Brust in der Mitte aufschneiden und auseinanderklappen, vorsichtig klopfen. Entsehntes Schweinskarree mit dem Bauchspeck und dem Keulenfleisch faschieren, Eiweiß dazugeben, würzen, Cognac und Madeira unterrühren und im Mixer pürieren. Über Eis 1 dl Obers langsam einrühren, Pistazien und Trüffeln dazugeben, 2–3 Eßlöffel Farce auf die

eine Seite der Entenbrust streichen, die andere Seite darüberklappen und in ein Schweinsnetz hüllen. Die Brust soll die Form eines Koteletts haben.
Reste und Karkassen zerkleinern, in Öl anbraten, würfelig geschnittenes Wurzelwerk sowie Bouquet garni dazugeben und miträsten. Mit Wasser und Wein aufgießen und etwa 1½ Stunden langsam kochen lassen, passieren.
Entenstopfleber mit restlicher Butter durch ein Haarsieb streichen, glattrühren.
Entenkotelett mit Butter etwa 20 Minuten langsam braten und in Pergamentpapier warmstellen. Im Bratenrückstand feingeschnittene Schalotten anbraten, Eierschwammerln dazugeben, kurz rösten, mit Cognac ablöschen, den passierten Entenfond dazugeben und auf ⅛ l reduzieren. Die pürierte Leber (Salmis) vorsichtig in die reduzierte Sauce schlagen. Die Sauce darf nicht über 80° C erhitzt werden, da sie sonst gerinnt. In den Beizsud der Nüsse Butter geben, Nüsse stark wallend weichkochen, herausnehmen. Restfond reduzieren, bis er karamelisiert. Darin Nüsse glacieren und leicht würzen.

Präsentation: Sauce auf Tellern anrichten, Koteletts darauf placieren und mit grünen Nüssen umgeben. Als Beilage kann man Bandnudeln oder Erdäpfelkrusteln reichen.

Anmerkung: Das Schweinsnetz am besten beim Metzger vorbestellen!

Zubereitungszeit: Gut 4 Stunden.

Schwierigkeitsgrad: Kompliziert.

Akazienblüten in Backteig

16 Akazienblüten
Backteig:
1/8 l Milch
1/16 l Wein
200 g glattes Mehl
4 Dotter
4 Eiweiß
Vanillezucker
Zitronenschale
Salz
1/16 l Kirschwasser
Erdnußöl zum Herausbacken

Sämtliche Teigzutaten (außer Eiweiß) verrühren, Eiweiß zu Schnee schlagen und vorsichtig unter den Teig heben.
Die gewaschenen Akazienblüten im Sieb abtropfen lassen, durch den Backteig ziehen und in Öl schwimmend herausbacken.

Präsentation: Auf Desserttellern anrichten, eventuell mit Püree von frischen Beeren umkränzen.

Zubereitungszeit: 22–25 Minuten.

Schwierigkeitsgrad: Einfach.

Restaurant Hauswirth

Besitzer: Günter Winter

Sommermenü

Rezepte: Günter Winter

ABEND:

Kalbsbriesrose auf Lauchjulienne mit Paradeisersulz
Geeiste Krebssuppe mit Krebsschwänzen

Gemüsetörtchen auf Kräuterschaum

Medaillons von Süßwasserlachsforelle in Basilikumsauce
Herzkirschensorbet mit Zuger Kirschwasser

Milchlammrücken in Rosmarinbutter / Kohlstrudel mit Speck
Kalte Topfennockerln mit Himbeer-Brombeer-Eis

Weinempfehlung:

Hollenburger **Rheinriesling** Ried Goldberg
Jahrgang 1981, Schloßweingut Freiherr von Geymüller, Hollenburg bei Krems

Blaufränkisch, Ried Römerhof
Jahrgang 1979 Weinbaugebiet Rust
Anton Kollwentz, Groß-Höflein

Kalbsbriesrose auf Lauchjulienne mit Paradeisersulz

400 g Kalbsbries
200 g Lauch
¼ l kräftiger heller Kalbsfond
3 geschälte, entkernte, gewürfelte Paradeiser
50 g gekochter Schinken, gewürfelt
1/16 l Riesling/Sylvaner (Müller-Thurgau) Spätlese
Butter
Salz
Petersilie

Kalbsbries von seinen Netzen lösen und etwa 24 Stunden in kaltem Wasser, unter mehrmaligem Wechsel wässern.
Den Lauch putzen, in Julienne schneiden, waschen und kurz über Dampf blanchieren, abkühlen lassen.
Bries in kaltem, leicht gesalzenem Wasser zum Kochen bringen, 10 Minuten leise köcheln lassen, vom Herd nehmen und nochmals 10 Minuten ziehen lassen, sodann in kaltem Wasser abschrecken. Vor dem Anrichten in Butter sautieren.

Paradeisersulz: Kalbsfond kurz erwärmen, mit Riesling/Sylvaner und Salz abschmecken, die Paradeiser- und Schinkenwürfel hinzufügen, in kleine Timbale-Förmchen geben und kaltstellen.

Präsentation: Das sautierte Kalbsbries auf Lauch anrichten, die Timbales mit der Paradeisersulz stürzen und mit Petersilie garnieren.

Zubereitungszeit: Etwa 50 Minuten plus Kühlzeit.

Schwierigkeitsgrad: Kompliziert.

Geeiste Krebssuppe mit Krebsschwänzen

1 kg Krebse
50 g Kümmel
50 g Dill
Kerbelkraut
Salz
Olivenjungfernöl
Noilly Prat
Cognac

Für 1 l Court Bouillon:
40 g Schalotten
50 g Karotten in Scheiben
einige Petersilienstiele und Dillkronen
Pfefferkörner
1 Thymianzweig
½ l Wasser
½ l trockener Weißwein
Eiweiß zum Klären

Die Krebse in Salzwasser mit Kümmel und Dill etwa 6 Minuten kochen. Krebsschwänze und -scheren ausbrechen, in der Sauteuse kurz in Olivenöl anrösten.
Ausgelöstes, sautiertes Krebsfleisch in der Court Bouillon etwa eine Stunde köcheln lassen. Den daraus gewonnenen Sud durch ein Passiertuch abschütten und mit Eiweiß klären. Dazu die kalte Flüssigkeit mit Eiweiß vermischen, langsam unter Rühren zum Kochen bringen, wobei das Eiweiß gerinnt und alle Verunreinigungen einschließt. Durch ein Haarsieb oder Tuch abseihen. Mit Noilly Prat und Cognac abschmecken, kaltstellen.

Präsentation: Die gekühlte Suppe in kleinen Suppenschalen mit dem Krebsfleisch und Kerbelkraut servieren. Die Suppenschalen jedoch vorher kurz in ein Tiefkühlfach stellen.

Zubereitungszeit: 2 Stunden.

Schwierigkeitsgrad: Ziemlich kompliziert.

Gemüsetörtchen auf Kräuterschaum

300 g verschiedene Gemüse
(Karotten, Fisolen,
Broccoli, Zucchini,
Karfiol, Champignons)
2 Eier
⅛ l Obers
Salz
Muskat
weißer Pfeffer aus der Mühle

Für den Kräuterschaum:
2 Dotter
⅛ l trockener Weißwein
Saft einer Zitrone
Salz
60 g geklärte Butter
fein gehackte Kräuter
(Kerbel, Basilikum,
Estragon, Petersilie, Kresse)
Zum Gratinieren:
Parmesan

Die geputzten, gewaschenen Gemüse kleinschneiden und etwa 3 Minuten im Salzwasser kochen; die Eier mit dem Obers, Muskat, Salz und weißem Pfeffer versprudeln. Gemüse mit Eier-Obersgemisch vermengen, in kleine Törtchenformen füllen, mit dem Käse bestreuen und etwa 15 Minuten im Rohr bei 200° C garen.

Kräuterschaum: Dotter mit Weißwein im Wasserbad zu Schaum schlagen. Mit Salz und Zitrone abschmecken, Butter dazuschlagen, die feingehackten Kräuter daruntermengen.

Präsentation: Törtchen auf vorgewärmten Tellern anrichten, mit dem Kräuterschaum seitlich nappieren und mit frischen Kräutern garnieren.

Zubereitungszeit: 35–40 Minuten.

Schwierigkeitsgrad: Ziemlich einfach.

Medaillons von Süßwasserlachsforelle in Basilikumsauce

1 mittelgroße Lachsforelle
Saft einer Zitrone
etwas Olivenjungfernöl
Für die Basilikumsauce:
1/16 l trockener Weißwein
1/16 l Fischfond
1/8 l Obers
20 g Butter
frische Basilikumblätter

Lachsforelle enthäuten und entgräten. Die kleinen seitlichen Gräten mit einer Zange oder Pinzette restlos herausnehmen, in Öl und Zitronensaft einige Minuten marinieren. Lachsforellenmedaillons über Dampf einige Minuten garen. Weißwein und Fischfond auf die Hälfte reduzieren, Basilikumblätter hinzufügen, Obers verrühren; zuletzt die kalte Butter in Flöckchen auf der Flamme einrühren.

Präsentation: Die Basilikumsauce in die Mitte der Teller anrichten, das Fischmedaillon darauflegen und mit Butterteigfleurons garnieren.

Zubereitungszeit: Etwa 50 Minuten.

Schwierigkeitsgrad: Mittel.

Herzkirschensorbet mit Zuger Kirschwasser

300 g Herzkirschen
3 dl Zuckersirup (s. S. 212)
Zitronensaft
2 cl Kirschwasser
evtl. Minzeblätter

Kirschen waschen, entkernen und im Mixer pürieren, durch ein Haarsieb streichen und mit dem Zuckersirup und dem Zitronensaft vermischen.
Pürierte Kirschen mit Sirup und Zitrone etwa 25 Minuten in der Sorbetière rühren.

Präsentation: Je eine Kugel Sorbet in Sektschale oder -kelch geben, eine frische Kirsche mit Stengel aufsetzen, mit Kirschwasser beträufeln. Wenn vorhanden, ein Minzeblatt beigeben.

Zubereitungszeit: 25–30 Minuten.

Schwierigkeitsgrad: Einfach.

Milchlammrücken in Rosmarinbutter / Kohlstrudel mit Speck

(Abb. S. 64)

2 kg Milchlammrücken
1 l Buttermilch
Salz
weißer Pfeffer aus der Mühle
Rosmarinbutter:
⅛ l Lammfond
2 Dotter
60 g geklärte Butter (s. S. 207)
frischer Rosmarin
Salz

Kohlstrudel mit Speck:
250 g Kohlblätter
2 mittelgroße gekochte Erdäpfel
⅛ l Obers
50 g Hamburger Speck
2 Eier
1 Dotter
Muskat
Salz
weißer Pfeffer aus der Mühle
1 Paket Strudelteig

Milchlammrücken auslösen und gänzlich von allen Sehnen und Fett befreien, in Buttermilch legen und für 24 Stunden im Kühlschrank kaltstellen.
Kohlstrudel mit Speck: Kohl im Salzwasser blanchieren, in kaltem Wasser abschrecken und kleinhacken. Erdäpfel im Mixer mit Obers und Eiern pürieren, mit dem gehackten Kohl vermischen, mit Salz, Muskat und einer Prise weißen Pfeffers würzen, den würfelig geschnittenen Speck beigeben und in Strudelteig rollen. Den Strudel in Hufeisenform auf ein Backblech legen, mit Dotter bestreichen und bei 200° C im Rohr backen.
Die beiden Filetteile mit Salz und Pfeffer würzen, in nicht zu heißem Öl auf beiden Seiten je eine Minute anbraten und im Rohr bei 200° C 5–6 Minuten garen. Aus dem Ofen nehmen und einige Minuten rasten lassen.
Rosmarinbutter: Lammfond mit Dottern auf die Hälfte reduzieren, mit der geklärten Butter aufmontieren und den frischen Rosmarin beifügen.

Präsentation: Auf den Tellern die Rosmarinbutter anrichten, Lamm in dünne Scheiben schneiden, auf die Rosmarinbutter legen und mit je einer Schnitte Kohlstrudel servieren.

Schwierigkeitsgrad: Kompliziert.

ABENDMENÜ / DESSERT

Kalte Topfennockerln mit Himbeer-Brombeer-Eis

200 g 20%iger Topfen
70 g Staubzucker
2 EL Inländerrum
Vanillezucker
5 g gekörnte Speisegelatine
$^{3}/_{16}$ l Schlagobers

Fruchteis:
je 100 g pürierte Himbeeren und Brombeeren
2 Dotter
2 ganze Eier
40 g Zucker
je $^{3}/_{16}$ l Milch und Obers

Topfen durch ein Haarsieb streichen, mit dem Staubzucker, dem Rum und dem Vanillezucker gut vermischen. Das geschlagene Obers und die Speisegelatine (Packungsanweisung beachten!) vorsichtig unterziehen, in eine Schüssel geben und 4 Stunden kaltstellen.

Fruchteis: Dotter, Zucker und ganze Eier schaumig rühren; Milch und Obers zum Kochen bringen, in Schneekessel geben, mit Ei-Zucker-Gemisch über Dunst vermengen. Nach dem Abkühlen je der Hälfte der Masse die pürierten Himbeeren bzw. Brombeeren hinzufügen. Im Tiefkühlfach gefrieren lassen. Ab und zu durchrühren.

Präsentation: Eiskugeln auf die Teller verteilen. Aus der Masse pro Portion 2–3 Nockerln ausstechen, auf das Eis legen, mit frischen Beeren garnieren.

Zubereitungszeit: Etwa 40 Minuten, Gefrierzeit nicht eingerechnet.

Schwierigkeitsgrad: Relativ einfach.

Restaurant Hauswirth

Besitzer: Günter Winter

Herbstmenü

Rezepte: Günter Winter

MITTAG:

Salat von Wildentenbrüstchen mit Brombeeressig-Dressing
Mandelcremesuppe
Rehrückenfilet im ganzen gebraten auf Ribiselsauce / Broccolimousse, Erdäpfelcrêpes
Topfen-Apfel-Knöderln mit Zimt und Haselnüssen auf Erdbeersauce

Weinempfehlung:

Merlot
Jahrgang 1982, Malteser Ritterorden
Mailberg

Salat von Wildentenbrüstchen mit Brombeeressig-Dressing

2 mittlere Wildentenbrüste
Haselnußöl zum Anbraten
⅛ l Brombeeressig
80 g Brombeeren
Traubenkernöl
geschälte, entkernte grüne Weintrauben
Radicchio-, Frisée-, Vogerl- und Kopfsalat
Zitrone
Kerbel
Salz

Entenbrüste rasch anbraten, dann im Rohr bei 200° C 6 Minuten ziehen lassen; kalt stellen, enthäuten und vom Knochen lösen.
Die Salate putzen und waschen, gut trocknen, am besten mit der Salatschleuder.

Präsentation: Salate mit der Brombeeressigmarinade vermischen und auf vier Teller verteilen. Die Entenbrüste der Länge nach fächrig aufschneiden, mit Brombeeren, Weintrauben und Kerbel garnieren.

Zubereitungszeit: 35–40 Minuten.

Schwierigkeitsgrad: Mittel.

MITTAGSMENÜ / SUPPE

Mandelcremesuppe

100 g Mandeln
¼ l Obers
¼ l kräftige Rindsuppe
2 Dotter
etwas Salz

Mandeln in heißem Wasser kurz blanchieren, schälen und im Mixer pürieren; anrösten und kaltstellen.
Rindsuppe zum Kochen bringen, die gerösteten Mandeln dazugeben, das geschlagene Obers unterziehen, vom Feuer nehmen und mit den Dottern legieren. Nach Bedarf salzen.

Präsentation: Einige blättrig geschnittene, geschälte Mandeln anrösten. Suppe auf 4 Mokkatassen verteilen, mit den Mandelsplittern und etwas geschlagenem Obers garnieren.

Zubereitungszeit: Etwa 35 Minuten.

Schwierigkeitsgrad: Einfach.

MITTAGSMENÜ / HAUPTSPEISE

Rehrückenfilet im ganzen gebraten auf Ribiselsauce, Broccolimousse, Erdäpfelcrêpes

(Abb. S. 160)

Für den Rehrücken:
1 kg Rehrücken mit Knochen
Erdnußöl
Salz
Für die Ribiselsauce:
150 g Ribisel
$\frac{1}{8}$ l roter Portwein
Für die Broccolimousse:
300 g Broccoli
4 EL Obers
Salz
weißer Pfeffer aus der Mühle

Erdäpfelcrêpes:
250 g gekochte, geschälte Erdäpfel
1 ganzes Ei
1 Dotter
Salz
Muskat
$\frac{1}{16}$ l Obers
40 g Butter
weißer Pfeffer aus der Mühle

Rehrücken auslösen (von Knochen und Sehnen befreien).
Broccoli etwa 3 Minuten in Salzwasser kochen und anschließend im Mixer pürieren.

Die gekochten Erdäpfel durch ein Haarsieb streichen, mit dem Dotter, dem Obers, Salz und Muskat gut verrühren und 20 Minuten rasten lassen.
Die Ribisel pürieren, durch ein Sieb passieren und mit dem Portwein vermischen.

Rehrücken: Die beiden Filets salzen, in nicht zu heißem Öl anbraten (pro Seite 1 Minute), dann 5 Minuten im Rohr bei 200° C fertig garen, aus dem Rohr nehmen und 2 Minuten rasten lassen.

Broccolimousse: In einer Sauteuse anwärmen, mit Obers binden, salzen und pfeffern.

Erdäpfelpalatschinken: Die Erdäpfelmasse zu kleinen Crêpes formen und in Butter goldbraun braten.

Präsentation: Filets in dünne Scheiben schneiden, auf der Ribiselsauce anrichten, mit Broccolimousse und den Erdäpfelpalatschinken servieren.

Zubereitungszeit: Etwa 70 Minuten.

Schwierigkeitsgrad: Ziemlich kompliziert.

Topfen-Apfel-Knöderln mit Zimt und Haselnüssen auf Erdbeersauce

250 g 20%iger Topfen
1 mittelgroßer Apfel, geschält, entkernt und kleingewürfelt
60 g Butter
2 Dotter
1 ganzes Ei
40 g Semmelbröseln
100 g geriebene Haselnüsse
30 g gemahlener Zimt
40 g Staubzucker
200 g Erdbeeren
Saft einer Zitrone
50 g Zucker

Butter und Dotter zu einem Abtrieb verarbeiten, mit dem Topfen, den Bröseln und dem ganzen Ei in der Maschine gut verrühren, die in Zitronenwasser gelegten Äpfel (gegen das Verfärben) mit der Masse vermischen.
Haselnüsse, Zimt und Zucker gesondert miteinander vermischen.
Erdbeeren im Mixer fein pürieren.
Teigmasse zu kleinen Knöderln formen und etwa 8 Minuten über Dampf garen. Fertige Knöderln in der Nuß-Zimt-Zucker-Mischung wälzen.

Präsentation: Knöderln auf Erdbeerpüree anrichten, mit Staubzucker bestreuen.

Zubereitungszeit: 25–30 Minuten.

Schwierigkeitsgrad: Ziemlich einfach.

Besitzer: Günther Gass

Herbstmenü

Rezepte: Günther Gass

MITTAG:

Gefüllter Apfel mit Wildfarce

Karpfensuppe

Wildschweinmedaillons mit Austernpilzen

Kirschensoufflé

Weinempfehlung:

Blaufränkischer Kabinett

Weingut Sonnhof, J. Jurtschitsch OHG, Langenlois

Milchlammstelze auf Kürbis
(Rezept S. 146)

Gefüllter Apfel mit Wildfarce

200 g mageres Wildfleisch
50 g durchzogenes Schweinefleisch
1 Eiweiß
1/16 l Obers
2 cl Cognac
50 g Schinken
Salz
weißer Pfeffer aus der Mühle
Zimt
4 mittelgroße Äpfel

Das Fleisch feinst faschiert mit dem Eiweiß vermengen, erst Gewürze, dann das Obers langsam einmengen, zuletzt den feingeschnittenen Schinken zufügen. Äpfel halbieren, aushöhlen und mit Wildfarce füllen.
Äpfel im vorgeheizten Backrohr ca. 30 Minuten bei 180° C backen.

Präsentation: Gebackene Äpfel auf Rotkraut servieren.

Zubereitungszeit: 40 Minuten (mit Backzeit).

Schwierigkeitsgrad: Relativ einfach.

MITTAGSMENÜ / SUPPE

Karpfensuppe

500 g Karpfen mit Milch
2 Lorbeerblätter
10 Pfefferkörner
1 l Wasser
40 g Sellerieknolle
40 g Petersilienwurzel
40 g Zwiebel
1/8 l trockener Weißwein
1/8 l Obers
1 Bund Petersilie
Salz
weißer Pfeffer aus der Mühle

Gefülltes Rebhuhnbrüstchen mit Maronipüree auf Moosbeerensauce (Rezept S. 103)

Karpfen auslösen. Die Gräten und Abfälle mit Lorbeer und Pfefferkörnern kochen, durch ein Tuch seihen. Das Wurzelwerk grob schneiden, in den Fond geben und nochmals kochen, bis es weich ist. Alles im Mixer gut pürieren, nochmals im Topf mit Weißwein und Obers verfeinern.
Karpfenfleisch in Würfel von 1 cm schneiden und im Topf kurz kochen.

Präsentation: Suppe mit viel frischgehackter Petersilie servieren.

Zubereitungszeit: Etwa 40 Minuten.

Schwierigkeitsgrad: Ziemlich einfach.

MITTAGSMENÜ / HAUPTSPEISE

Wildschweinmedaillons mit Austernpilzen

8 Wildschweinmedaillons
zu je rund 70 g
80 g Hamburger Speck
500 g Austernpilze
50 g Butter
50 g Lauch
50 g Zwiebeln
1/8 l Wildfond
1/8 l Obers
Salz
weißer Pfeffer aus der Mühle

Die Wildschweinmedaillons pfeffern, salzen und von einer Seite mit Mehl bestreuen, mit der Mehlseite nach unten in die erhitzte Pfanne geben, zartrosa anbraten, aus der Pfanne nehmen und warmstellen.
In derselben Pfanne den Speck glasig werden lassen, die feingeschnittenen Zwiebeln, den nudelig geschnittenen Lauch und die grobgeschnittenen Austernpilze dazugeben, alles gut durchrösten, den Wildfond angießen und kurz auf-

wallen lassen. Wildschweinmedaillons mit der schon gebratenen Seite nach oben dazugeben, kurz aufwallen lassen, Obers hinzufügen und würzen.

Präsentation: Mit Rotkraut oder Krautsalat und Braterdäpfeln servieren.

Schwierigkeitsgrad: Einfach.

MITTAGSMENÜ / DESSERT

Kirschensoufflé

6 Eiweiß
3 Dotter
100 g geriebene Nüsse
50 g Staubzucker
200 g entkernte Kirschen

Aus dem Eiweiß mit der halben Menge Zucker Schnee schlagen, die Dotter mit dem restlichen Zucker vermischen und die beiden Massen langsam zusammenmengen.
Die Mischung in eine gebutterte feuerfeste Form geben und mit den Kirschen bestreuen. 20 Minuten bei 180° C backen.

Präsentation: Soufflé mit Staubzucker bestreuen und servieren.

Zubereitungszeit: Etwa 30 Minuten (incl. Backzeit).

Schwierigkeitsgrad: Einfach.

Niky's Kuchlmasterei®

Besitzer: Nikolaus Kulmer

Herbstmenü

Rezepte: Franz Schneider

ABEND:

Tellersulz von Kalbsbries und Zunge

Gurkensuppe mit Krebsen

Gefülltes Rebhuhnbrüstchen mit Maronipüree auf Moosbeerensauce
Wallerwürstel mit Wurzelgemüse

Rotes Sturmsorbet

Frischlingsrückenfilet in Erdäpfelteig mit Waldpilzen

Brandteigringe auf Himbeerpüree mit Waldbeeren

Weinempfehlung:

Kremser **Weißer Burgunder Spätlese**
Jahrgang 1982, Weingut Undhof-Wieden
Fritz Salomon KG, Krems/Stein an der Donau

Rosé St. Laurent
Jahrgang 1982, Weingut Bründlmayer-Malat
Palt/Krems

Tellersulz von Kalbsbries und Zunge

160 g gewässerte Briesrose
120 g gekochte Kalbszunge
¼ l weißer Hühnerfond
4 Wachteleier
2 Paradeiser, enthäutet, entkernt und gewürfelt
¼ Salatgurke, in feine Scheiben geschnitten
3 cl roter Portwein
3 cl Weinessig
Salz
weißer Pfeffer aus der Mühle
3 Blatt Gelatine (3–4 g)
gehackte Kräuter (Petersilie, Kerbel, Estragon)

Briesrose 2 Minuten in Salzwasser blanchieren, in kaltem Wasser abschrecken und enthäuten. Im Hühnerfond etwa 8–10 Minuten fertig pochieren, auslegen und zwischen 2 Tellern leicht pressen. Gelatine in kaltem Wasser etwa 10 Minuten einweichen, herausnehmen und mit dem Portwein und dem Essig im warmen Hühnerfond auflösen, mit Salz und Pfeffer abschmecken, überkühlen lassen und die gehackten Kräuter dazugeben.
Wachteleier etwa 3 Minuten kochen, mit kaltem Wasser abschrecken und schälen.

Präsentation: Den Rand der Suppenteller mit Gurkenscheiben, geviertelten Wachteleiern und Paradeiswürfeln nach Belieben garnieren, die Mitte abwechselnd mit Scheiben der geschnittenen Briesrose und Zungenscheiben auslegen und mit dem dicker gewordenen Gelee überziehen und kaltstellen.
Es kann dazu noch getrennt eine Vinaigrette (1 EL Weinessig, 3–4 EL Öl, Salz, Pfeffer, nach Belieben Senf) gereicht werden.

Zubereitungszeit: Etwa 30 Minuten.

Schwierigkeitsgrad: Mittel.

Gurkensuppe mit Krebsen

500 g entkernte Salatgurken
50 g Butter
50 g Zwiebeln, fein gewürfelt
⅛ l trockener Weißwein
¾ l Hühnerbouillon
¼ l Obers
weißer Pfeffer aus der Mühle
Salz
2 Dillstengel
Dillspitzen
1 Msp Kümmel
800 g Flußkrebse
ein Schuß Pernod

Krebse in Salzwasser mit dem Kümmel je nach Größe etwa 5–8 Minuten blanchieren, in Eiswasser abschrecken und Schwänze ausbrechen.
Gurken waschen, entkernen und in Stücke schneiden, einige Gurkenstücke tournieren und blanchieren.
Zwiebeln in Butter anschwitzen, Gurkenstücke und Dillstengel beifügen, mit Weißwein ablöschen, mit der Hühnerbouillon aufgießen und etwa 25–30 Minuten einkochen. Obers hinzufügen, weitere 10–15 Minuten einkochen, mixen, passieren, mit Salz, Pfeffer und Pernod abschmecken.

Präsentation: In Suppentellern mit tournierten Gurken, Krebsschwänzen, Dillspitzen und eventuell mit einer gefüllten Krebsnase anrichten.

Zubereitungszeit: Etwa 70 Minuten.

Schwierigkeitsgrad: Mittel.

Gefülltes Rebhuhnbrüstchen mit Maronipüree auf Moosbeerensauce

(Abb. S. 97)

2 Rebhühner mit Innereien
1 Schweinsnetz
2 Dotter
4 Salatblätter
Salz
weißer Pfeffer aus der Mühle
4 EL Maronipüree natur (Dose)
80 g Zwiebeln
6 Nelken
1/16 l Milch
1/16 l Obers

Moosbeerensauce:
200 g frische Moosbeeren
80 g Butter
20 g Zucker
4 cl Rotwein
1 dl Weinessig
2 dl brauner Rebhuhnfond
1 EL Moosbeerenkonfitüre
1/2 l Wildfond (s. S. 162)

Rebhuhnbrüstchen mit den kurzen Flügelknochen ablösen und beidseitig kurz anbraten; beiseite stellen. Die übrigen Karkassen im Rohr blutig braten, herausnehmen und überkühlen.
Keulen auslösen und fein hacken, ebenso die Leber, mit Salz und Pfeffer würzen. Mit Dotter binden. Salatblätter blanchieren.

Moosbeerensauce: Moosbeeren mit etwas Zucker und Wasser etwa 10 Minuten kochen.
Schweinsnetz ausbreiten, 4 Quadrate von 20 cm Seitenlänge schneiden und mit Salatblättern belegen, mit Farce aus zerhackten Keulen, Herzen und Lebern bestreichen, Rebhuhnbrust darauflegen, einschlagen und etwa 8–10 Minuten bei 220° C rosa braten.

Maronipüree: Zwiebel in Milch mit Nelken weichkochen, Nelken entfernen, Zwiebel im Mixer mit Obers pürieren, in

Kasserolle geben, aufkochen und das Maronipüree dazugeben. Mit Salz und Pfeffer würzen, heiß rühren.

Moosbeerensauce: Essig mit Konfitüre einkochen, mit Rotwein ablöschen, mit Wildfond auffüllen, um ⅔ einkochen, mit Butter montieren. Mit Salz und Pfeffer abschmekken und die gekochten Moosbeeren als Einlage geben.

Präsentation: Gebratene Rebhuhnbrüstchen auf Maronipüree anrichten, mit der Moosbeerensauce umkränzen.

Zubereitungszeit: Gut 2 Stunden.

Schwierigkeitsgrad: Kompliziert.

ABENDMENÜ / FISCH

Wallerwürstel mit Wurzelgemüse

400 g ausgelöste Wallerfilets
1 dl Obers
2 Dotter
Salz
weißer Pfeffer aus der Mühle
feingehackte Petersilie
Ingwerpulver
Schafdarm
Wurzeln (Karotten, gelbe Rüben, Sellerieknollen) in Streifen oder Scheiben geschnitten

Für die Estragonbutter:
40 g geschälte, gewürfelte Schalotten
2 dl Riesling
4 cl Estragonessig
4 cl Obers
120 g Butter
frischer Estragon

Wallerfilets vorkühlen, faschieren und durch ein feines Sieb passieren. In die Farce die Dotter und nach und nach das Obers einrühren, mit Salz, Pfeffer, Petersilie, Muskat und Ingwer würzen. Kaltstellen.

Schafdarm etwa ½ Stunde wässern.
Die Wurzeln in Salzwasser etwa 2–3 Minuten pochieren und kalt abschrecken.

Estragonbutter: Schalotten mit Weißwein und Estragonessig um etwa ⅔ einkochen. Obers dazugeben, aufkochen und mit der würfelig geschnittenen kalten Butter binden. (Butter in kleinen Stücken mit dem Schneebesen einschlagen.)
Kaltgestellte Würstelmasse mit einer Würstelspritze in die gewässerten Därme füllen und 8 Würstel abdrehen. In Salzwasser bei 80° C etwa 12–15 Minuten pochieren und sofort in Eiswasser abkühlen.

Präsentation: Die Würstel wieder vorsichtig bei 80° C erwärmen, ebenso die Wurzeln. Wurzeln auf den Teller verteilen, die Würstel daraufsetzen und mit der Estragonbutter umkränzen. Mit Estragonblättern garnieren.

Anmerkung: Den Schafdarm am besten beim Metzger vorbestellen.

Zubereitungszeit: 55–60 Minuten.

Schwierigkeitsgrad: Kompliziert.

ABENDMENÜ / SORBET

Rotes Sturmsorbet

½ l roter Sturm (der sich gerade im Übergang von Most auf Sturm befindet)
rote Trauben zum Garnieren
Pfefferminzblätter

Roten Sturm in die Sorbetière füllen und 6–8 Minuten gefrieren.

Präsentation: Sorbet mit Dressiersack in Sektflöten füllen und mit roten Trauben und Pfefferminzblatt garnieren.

Zubereitungszeit: 5–10 Minuten (ohne Gefrierzeit).

Schwierigkeitsgrad: Einfach.

Frischlingsrückenfilet in Erdäpfelteig mit Waldpilzen

300 g Frischlingsrücken
200 g Gänsestopfleber
Kohlblätter
2 cl Portwein
200 g Steinpilze und Eierschwammerln
1 Zehe gehackter Knoblauch
1 EL gehackte Petersilie
2 cl Erdnußöl
Salz
weißer Pfeffer aus der Mühle
Für die Marinade:
1 kleine Karotte
1 kleine gelbe Rübe
1 Schalotte
1 Lorbeerblatt
Petersilienstengel
weiße Pfefferkörner
1 kleiner Zweig frischer Thymian
2 Wacholderbeeren
⅛ l Rotwein
Für den Fond:
Knochen und Parüren
3 cl Erdnußöl
1 TL Paradeismark
Für den Erdäpfelteig:
400 g gekochte, geschälte mehlige Erdäpfel (z. B. Bintje)
30 g Butter
2 Dotter
130 g glattes Mehl
Salz

Bereits am Vortag zur Marinade Wurzeln in dünne Scheiben schneiden, Rotwein und Gewürze hinzufügen.
Frischlingsfilets zu beiden Seiten des Rückgrats ablösen, von Haut und Sehnen befreien. Mit Ölpapier abdecken, mit den

Knochen und Parüren für 24 Stunden in die nicht zu kalte Marinade legen.

Am nächsten Tag: Die marinierten Knochen samt Gemüse und Aromaten auf ein Sieb schütten, abtropfen lassen und in Öl anbraten. Paradeismark beigeben, durchrösten. Mit aufgekochter Rotweinmarinade auffüllen, fast völlig einkochen lassen. Wasser beifügen und langsam etwa 1½ Stunden kochen. Dann passieren, entfetten und nochmals aufkochen. Mit Salz, Pfeffer, eventuell Orangensaft abschmecken.
Erdäpfelteig: Gekochte und geschälte Erdäpfel passieren, mit Dotter, Butter, Mehl und Salz rasch zu einem glatten Teig verarbeiten.
Waldpilze unter fließendem Wasser waschen, teilen, zum Trocknen auf ein Tuch legen.
Gänseleber durch ein Sieb streichen und mit Portwein zu einer streichfähigen Konsistenz bringen.
Kohlblätter in Salzwasser blanchieren und in Eiswasser abkühlen; Mittelstrunk entfernen.
Marinierte Filets abtrocknen, kurz anbraten, überkühlen, mit Leberfarce einstreichen und in Kohlblätter wickeln. Mit Nudelwalker Erdäpfelteig auf 5 mm ausrollen und das in Kohlblatt gerollte Filet einschlagen. Mit Dotter bestreichen und etwa 20 Minuten bei 220° C backen. Vor dem Aufschneiden etwa 5 Minuten rasten lassen.
Die abgetrockneten Pilze in heißem Öl getrennt sautieren, mit Salz, Petersilie, Pfeffer und Knoblauch würzen.

Präsentation: Den Rücken in fingerdicke Scheiben schneiden, auf Tellern anrichten und mit den sautierten Pilzen garnieren.
Die Wildsauce getrennt in einer Saucière reichen.

Zubereitungszeit: 20 Minuten für die Marinade, gut 4 Stunden am Zubereitungstag.

Schwierigkeitsgrad: Sehr kompliziert.

Brandteigringe auf Himbeerpüree mit Waldbeeren

70 g glattes Mehl
2 Eier
35 g Butter
⅛ l Milch
½ EL Inländerrum
3 g Zucker
Salz
200 g Fett zum Backen
40 g geriebene Schokolade
200 g pürierte und passierte Himbeeren
250 g Beeren der Saison

Milch, Butter und Salz aufkochen. Mehl unter ständigem Rühren einkochen; solange auf kleiner Flamme weiterkochen, bis sich der Teig vom Geschirr löst. Teig überkühlen lassen, nacheinander Eier und Zucker einrühren.
Brandteig in einen Spritzsack mit großer Sterntülle füllen und auf gefettetes Pergamentpapier etwa 6 cm große Ringe spritzen. Mit Teigseite in heißes Backfett (130° C) legen; nach etwa ½ Minute das Papier abziehen, wenden und fertig backen. Abtropfen lassen und in geriebener Schokolade wälzen.
Himbeerpüree mit Zucker abschmecken.

Präsentation: Himbeerpüree auf die Teller verteilen, die gewälzten Brandteigringe daraufsetzen und mit den frischen Beeren füllen. (Nach Belieben kann man noch mit Schlagobers und Vanilleeis garnieren.)

Zubereitungszeit: Etwa 35 Minuten.

Schwierigkeitsgrad: Mittel.

Spezialitätenrestaurant

Leupolds

„KUPFERDACHL“

Im Keller

Besitzer: Robert Leupold

Herbstmenü

Rezepte: Eduard Macku

ABEND:

Entengalantine mit Orangensauce und Hollerobers
Klare Petersiliensuppe mit Grünkern

Schneckenfricassée auf Graubrot, mit Roquefortcreme überbacken
Seeteufelmedaillons in Zitronen-Kapern-Butter, gefüllte Paradeiser
Rosa Grapefruitsorbet

Hasenrückenfilet mit Gänsestopfleber auf Sanddornsauce / Spinatnockerln / Eichblattsalat mit Portweindressing
Gezogener Traubenstrudel mit Rieslingschaum

Weinempfehlung:

Riesling Kabinett, Ried Weinzierlberg
Jahrgang 1982, Weingut der Stadt Krems,
Krems an der Donau

Blaufränkischer Ried Hochberg
Jahrgang 1981, Cuvée de Réserve
Weingut Hans Igler Deutsch-Kreuz
(Falstaff-Sieger 1982)

Entengalantine mit Orangensauce und Hollerobers

Für 8–10 Personen:

1 Ente von 1,5–2 kg
½ Ente, ausgelöst und von allen Häuten und Sehnen befreit
1 l Geflügelfond
120 g schieres Schweinefleisch
240 g grüner Speck
10 g Pastetensalz
6 grüne Pfefferkörner
250 g Entenstopfleber
2 dl Madeira
⅛ l flüssiges Obers oder Crème fraîche
40 g gewürfelte Pökelzunge
40 g gewürfelte Trüffeln
40 g Pistazienkerne
60 g gestiftelte Mandeln
1 Ei
2 Blättchen frischer Salbei, gehackt
etwas frischer Thymian und Majoran
1 EL Butter
Salz
weißer Pfeffer aus der Mühle
1 Bouquet garni
⅛ l frisch gepreßter Orangensaft
90 g Zucker
4 cl Grand Marnier
Julienne einer gut gewaschenen (ungespritzten) Orangenschale
⅛ l gerebelte Hollerbeeren
⅛ l Schlagobers
Staubzucker
Zitronensaft

Ente sorgfältig auslösen. Die Knochen kleinhacken, mit dem Bouquet garni und etwas Wasser ansetzen, zu Jus kochen, auf 2 Eßlöffel Flüssigkeit reduzieren. Das dauert etwa 1 Stunde.
Entenfleisch der halben Ente in Streifen schneiden, Schweinefleisch und grünen Speck hinzufügen, mit Gewürzen bestreuen. Gut kühlen. Zweimal durch die feine Scheibe des Fleischwolfs drehen; wieder kaltstellen. Die 2 Eßlöffel Enten-

jus, Madeira, das Ei, Obers oder Crème fraîche beifügen und durch ein feines Sieb streichen.
Entenleber als Kern der Pastete in gefällige Form bringen, würzen, in Butter kurz von allen Seiten anbraten, kaltstellen. Pökelzunge, Pistazien, Mandeln und Trüffeln unter die Farce mischen. Etwa die Hälfte der Farce auf die ausgelöste Ente streichen, Entenleber in der Mitte einlegen, mit restlicher Farce bedecken.
Die Ente in Richtung Hals rollen, in hitzebeständige Folie wickeln, binden, Galantine im Geflügelfond pochieren (*Garzeit:* Je kg Galantine etwa 35 Minuten bei 80° C) und erkalten lassen. Mit einem Gewicht beschweren und etwa 12 Stunden kühl stellen.

Orangensauce: Orangensaft durch ein Sieb gießen, mit Zukker und Orangenjulienne etwa 3 Minuten kochen. Mit dem Grand Marnier verrühren, kühlen.

Hollerobers: Beeren mit Zitronensaft beträufeln, mit Staubzucker bestreuen, mit geschlagenem Obers vermengen.

Präsentation: Galantine in daumendicke Scheiben schneiden, auf Tellern anrichten, mit der Orangensauce umgeben und mit dem Hollerobers garnieren.

Zubereitungszeit: 1 Stunde, 50 Minuten plus ca. 1 Stunde Garzeit plus 12 Stunden Kühlzeit für die Galantine.

Schwierigkeitsgrad: Kompliziert.

Klare Petersiliensuppe mit Grünkern

1 EL Butter
1 kleine Zwiebel
1 kleines Stück Lauch
200 g Petersilienwurzel, geputzt und gewaschen
Petersilienstengel
1¼ l Wasser
3 Pfefferkörner
3 Neugewürzkörner
1 Knoblauchzehe
Muskat
Petersiliengrün
Kräutersalz
80 g Grünkern (auf Holzfeuer gedörrter Dinkelweizen)
½ EL Paradeismark

Grünkern waschen und über Nacht einweichen. Im Einweichwasser etwa 1 Stunde kochen.
Zwiebel, Lauch, Petersilienwurzel und -stengel kleinwürfelig schneiden, in Butter ohne Farbe anlaufen lassen. Paradeismark und Kräutersalz zugeben, mit Wasser aufgießen.
Aufgegossene Gemüse langsam offen (nicht bedeckt) kochen; mit geriebener Muskatnuß würzen, durch ein Passiertuch seihen.

Präsentation: Suppe in Tellern oder Schalen mit Grünkern als Einlage anrichten, mit gehackter Petersilie bestreuen.

Zubereitungszeit: 1 Stunde, 35 Minuten.

Schwierigkeitsgrad: Einfach.

Schneckenfricassée auf Graubrot, mit Roquefortcreme überbacken

(Abb. S. 49)

8 Scheiben Graubrot
2 EL geklärte Butter
50 g Lauchstreifen
100 g Zwiebeln oder Schalotten, feingeschnitten
24 Schnecken
Schneckenfond
2 gehackte Knoblauchzehen
150 g Roquefort, passiert
4 EL trockener Weißwein
4 EL Sauce Hollandaise (s. unten)
Salz
weißer Pfeffer aus der Mühle
frischer Thymian
Butter zum Bestreichen der Graubrotscheiben

Graubrotscheiben in dekorative Form bringen, buttern und toasten.
Zwiebel oder Schalotten und Knoblauch in Butter anschwitzen, mit Schneckenfond und Weißwein ablöschen, reduzieren, Schnecken und Lauchstreifen beifügen, mit Salz, Pfeffer und Thymian würzen. Passierten Roquefort cremig verrühren und mit Sauce Hollandaise vermengen.
Auf jede Scheibe Graubrot drei Schnecken legen, mit Roquefortcreme überziehen und 3–4 Minuten gratinieren.

Holländische Sauce *(Sauce hollandaise)*

85 g Butter
1 Eigelb
1 EL Wasser
1 TL Zitronensaft
Salz, weißer Pfeffer
Cayennepfeffer

Butter in einem Topf zerlassen, aber nicht erhitzen. Eigelb mit Wasser, Zitronensaft und Salz in einen Topf geben; ins heiße Wasserbad stellen. Mit einem Schneebesen rühren, bis die Masse cremig ist. Topf aus dem Wasserbad nehmen. Flüssige Butter nach und nach unterziehen – zuerst teelöffel-, dann eßlöffelweise. Mit Salz, Pfeffer und Cayennepfeffer abschmecken, sofort servieren. Sauce nicht wieder aufwärmen, sonst gerinnt sie.

Präsentation: Heiß auf Tellern anrichten.

Zubereitungszeit: 25 Minuten für die Sauce plus 40 Minuten.

Schwierigkeitsgrad: Relativ einfach.

ABENDMENÜ / FISCH

Seeteufelmedaillons in Zitronen-Kapern-Butter, gefüllte Paradeiser

4 Seeteufel-(Angler-)Filets von je 150 g, enthäutet
Rosenpaprika
Mehl zum Wenden
Salz
weißer Pfeffer aus der Mühle
4 cl Olivenjungfernöl
4 EL Butter
1 EL gut gewässerte Salzkapern
1 kleingehackte Knoblauchzehe
Saft einer Zitrone
blanchierte und enthäutete Filets einer Zitrone
Julienne einer gut gewaschenen und blanchierten Zitronenschale
1 EL gehackte Petersilie
4 Blätter Zitronenmelisse
4 vollreife Paradeiser
180 g Blattspinat
1 EL Butter
5 g Weißbrotbrösel
5 g Parmesan
Muskat

Seeteufelmedaillons dritteln, leicht mit Paprika bestreuen, in Mehl wenden. Öl und 1 Eßlöffel Butter in der Pfanne erhitzen, Medaillons auf beiden Seiten hellbraun braten. Aus der Pfanne nehmen, mit Salz und Pfeffer würzen, mit Zitronensaft beträufeln, warmstellen.

Zitronen-Kapern-Butter: Bratfett abgießen, im Rückstand 3 Eßlöffel Butter aufschäumen lassen, Kapern und Knoblauch kurz anschwitzen, mit Wein ablöschen, etwas reduzieren, Zitronenfilets, -julienne und Petersilie beifügen.

Gefüllte Paradeiser: Waschen, Strünke herausschneiden, blanchieren, im Eiswasser abschrecken und abziehen. An der flachen Seite mit einem Löffel aushöhlen, salzen und pfeffern.
Blattspinat waschen, blanchieren, abschrecken und leicht ausdrücken. In etwas Butter schwenken und mit Salz, Pfeffer und Muskat würzen. Darauf in die ausgehöhlten Paradeiser füllen.
Gefüllte Paradeiser mit Weißbrotbröseln und Parmesan bestreuen und in eine leicht gebutterte Pfanne oder Form setzen. Bei 200° C im Rohr etwa 10 Minuten garen.

Präsentation: Je 3 Medaillons und 1 gefüllten Paradeiser auf Tellern anrichten und die Medaillons mit Zitronen-Kapern-Butter übergießen. Mit Melissenblättern garnieren.

Zubereitungszeit: Etwa 80 Minuten.

Schwierigkeitsgrad: Ziemlich einfach.

Rosa Grapefruit-Sorbet

Für 8 Personen:

200 g Zucker
2 dl Wasser
Saft von 3 roséfarbenen Grapefruits
Saft einer Zitrone
$\frac{1}{4}$ l Weißwein
8 cl Vermouth rosé
2 Eiweiß

Zucker und Wasser zu Sirup kochen, erkalten lassen. Zitronen- und Grapefruitsaft in den Sirup seihen; Wein und Vermouth beifügen. Halbsteif geschlagenes Eiweiß kräftig unterrühren. In der Sorbetière (oder in einer Eisrührmaschine im Tiefkühlfach) zubereiten.

Präsentation: Kugeln ausstechen, in Schalen anrichten, mit Vermouth beträufeln.

Zubereitungszeit: Etwa 30 Minuten.

Schwierigkeitsgrad: Ziemlich leicht.

Hasenrückenfilet mit Gänsestopfleber auf Sanddornsauce / Spinatnockerln / Eichblattsalat mit Portweindressing

4 ausgelöste und parierte Hasenrückenfilets zu je 135 g
120 g Gänsestopfleber, in 1 cm starke Streifen geschnitten, im Tiefkühlfach leicht anfrieren
2 cl Cognac
Salz
weißer Pfeffer aus der Mühle
Erdnußöl und Butter zum Braten
400 g frischer Sanddorn
80 g Zucker
Saft einer Orange
¼ l Wildfond
2 cl Armagnac
2 cl Cognac
60 g blanchierter, feingehackter Blattspinat
300 g Mehl
50 g zerlassene Butter
2 Eier
1/16 l Obers
1/16 l Milch
Salz
weißer Pfeffer aus der Mühle
geriebene Muskatnuß
400 g Eichblattsalat
je 1/16 l Haselnußöl, Weinessig und Portwein
Walnüsse zum Bestreuen
40 g Blattspinat zum Garnieren

Gänseleberstreifen mit Cognac beträufeln, würzen, kurz anbraten, leicht tiefkühlen.
Sanddorn mit Zucker und Orangensaft kochen, passieren und abkühlen lassen.
Spinat, Mehl, Butter, Eier, Obers, Milch, Salz, Pfeffer und Muskat zu einem lockeren Teig verrühren.
Gut gewaschenen, geputzten Eichenblattsalat in Portwein, Haselnußöl, Weinessig und Salz marinieren und mit Walnüssen bestreuen.
Hasenrückenfilets mit Hilfe eines Spickstabes auf die gesamte Länge mit gefrorenen Gänseleberstreifen spicken. Fi-

lets würzen, in Fett von allen Seiten anbraten, im Rohr 5–6 Minuten garen; warmstellen.
Bratrückstand mit Armagnac und Cognac löschen, Wildfond aufgießen, reduzieren, Sanddorn beifügen, abschmecken, passieren. Mit Butter montieren.

Spinatnockerlteig: Mit einem Messer vom befeuchteten Brett kleine, längliche Nockerln in siedendes Salzwasser gleiten lassen. Nach 3–4 Minuten Kochen auf ein Sieb schütten, mit kaltem Wasser abspülen; darauf in Butter schwenken.

Präsentation: Sanddornsauce auf Teller geben, Hasenrükkenfilets in schräge, ½ cm dicke Scheiben schneiden und auf die Sauce setzen. Spinatnockerln auf blanchierten Spinatblättern anrichten. Eichblattsalat getrennt servieren.

Zubereitungszeit: Etwa 90 Minuten.

Schwierigkeitsgrad: Kompliziert.

Gezogener Weintraubenstrudel mit Rieslingschaum

Für 6–8 Personen:

1 Packung Strudelteig
200 g gewaschene, dünnhäutige, kernarme Weintrauben (sonst schälen und entkernen)
2 Eier, getrennt
20 g Zucker
20 g Staubzucker
Vanillezucker
30 g leicht geröstete Haselnüsse
20 g Mehl
geriebener Zimt
geriebene Schale einer gewaschenen ungespritzten Zitrone
50 g Butter zum Bestreichen des Teiges
Staubzucker zum Bestreuen

Für den Weinschaum:
¼ l Riesling
4 Dotter
200 g Zucker
Saft einer Zitrone
Vanillezucker

Tip:
200 g gewaschene, in Rum aufgekochte Rosinen den Weintrauben beifügen

Dotter, Staubzucker, Zimt und Zitronenschale schaumig rühren, das mit Kristallzucker steifgeschlagene Eiweiß mit Mehl und geriebenen Haselnüssen locker unter die Dottermasse heben. Mit dieser Masse ⅔ des ausgezogenen Strudelteiges etwa 1 cm stark bestreichen. Weintrauben (und ggf. Rosinen) darauf verteilen. Rest des Teiges mit zerlassener Butter bestreichen, einrollen, auf ein gefettetes und bemehltes Backblech geben. Bei 200° C etwa 35 Minuten im Rohr backen.

Rieslingschaum: Dotter mit Zucker im Wasserbad aufschlagen; Wein, Zitrone, Vanillezucker beigeben, weiterschlagen, bis die Masse luftig und locker ist.

Präsentation: Den Strudel mit Staubzucker bestreuen, in Schnitten zerteilen und mit dem Rieslingschaum auf Tellern servieren.

Zubereitungszeit: 50–60 Minuten ohne Backzeit.

Schwierigkeitsgrad: Mittel.

Kellner's Altwienerhof

Besitzer: Rudolf Kellner

Wintermenü

Rezepte: Rudolf Kellner

MITTAG:

Gesulztes Züngerl in Madeirasauce

Krautsuppe mit Obersblutwurst

Kaninchenrücken mit Sauce aus Trockenbeerenauslese, Kohlpudding und gebackene Kräuterspatzen

Maroniknöderln auf Rumschaum

Weinempfehlung:

Dürnsteiner **Weißburgunder Kabinett**
Jahrgang 1979, Ried Frauenweingarten
Weingut Franz Schmidl, Dürnstein

Gesulztes Züngerl in Madeirasauce

Für 8–10 Personen:

1½ l Kalbsfond
2 frische und 2 geräucherte Kalbszüngerln
Für das Madeiragelee:
250 g faschiertes Kalbfleisch
3 Eiweiß zum Klären
6–8 Gelatineblätter
¼ l Weißwein
¼ l Madeira
8 hartgekochte Eier
100 g Butter
⅛ l Obers
Salz
weißer Pfeffer aus der Mühle
Weinessig

Frische Kalbszüngerln im Kalbsfond, geräucherte Kalbszüngerln in Wasser weichkochen. Den Kalbsfond kaltstellen.
Beide Züngerln abschrecken, von der Haut und den ungenießbaren Teilen befreien, in eine schöne Zungenform schneiden und kaltstellen.
Kalbsfond mit dem faschierten Kalbfleisch und dem Eiweiß gut vermischen und langsam zum Kochen bringen. 1 Stunde ziehen lassen, dann durch ein Tuch passieren. Die inzwischen aufgeweichte Gelatine beigeben und mit Salz, Pfeffer und Weinessig abschmecken. Wenn nötig, vorher auf ½ l reduzieren. 3/16 l Madeira dazurühren, abkühlen.
Züngerln in ½ cm dicke Scheiben schneiden, in einer passenden Form, mit dem Madeirakalbsfond benetzt, am Boden und an den Wänden der Form aufreihen. Die Form mit dem Fond auffüllen und in ein Eiswasserbad stellen. Ist das Gelee an den Wänden gestockt, den noch flüssigen Fond ausleeren und kaltstellen.
Die Dotter der gekochten Eier, die Butter und die Hälfte der Zungenreste mit 1/16 l Madeira im Mixer pürieren, das geschlagene Obers vorsichtig darunterziehen und abschmek-

ken. Das Mousseline in die vorbereitete Form füllen, die Form mit dem restlichen Madeiragelee zugießen und kaltstellen.

Präsentation: Erkaltete Sulz auf eine Platte stürzen und garnieren.

Zubereitungszeit: 3½–4 Stunden.

Schwierigkeitsgrad: Kompliziert.

MITTAGSMENÜ / SUPPE

Krautsuppe mit Obersblutwurst

400 g Weißkraut
¼ l Weißwein
¾ l Bouillon
1 kg Schinkenbein
100 g Zwiebeln
50 g Frühstücksspeck
50 g Erdäpfel
Wacholder
Kümmel
Pfefferkörner
Salz, Pfeffer
etwas Zucker
½ l Schweinsblut
½ l Obers
200 g Beinschinken
2 m Schafsdarm
Salz
weißer Pfeffer aus der Mühle
Majoran zum Abschmecken

Den in Streifen geschnittenen Frühstücksspeck mit der feingeschnittenen Zwiebel glasig anlaufen lassen. Das nudelig geschnittene Kraut hinzufügen. Die Gewürze und das gehackte Schinkenbein beigeben, mit Weißwein und Bouillon auffüllen und etwa 1 Stunde leicht kochen lassen. Mit den Gewürzen abschmecken und abseihen.
Frisches Schweinsblut mit Obers vermengen, mit Salz, Pfeffer und Majoran würzen, den in kleine Würfel geschnittenen Schinken daruntermischen; mit einem Trichter in die

gut gewässerten Schafsdärme füllen, abbinden. In Salzwasser bei 80–85° C 20 Minuten ziehen lassen.

Präsentation: Würste einzeln in die heißgestellte Suppe geben, im Teller servieren.

Zubereitungszeit: Etwa 2 Stunden, 15 Minuten.

Schwierigkeitsgrad: Mittel.

MITTAGSMENÜ / HAUPTGERICHT

Kaninchenrücken mit Sauce aus Trockenbeerenauslese, Kohlpudding und gebackene Kräuterspatzen

4 Kaninchenrücken
3 dl Trockenbeerenauslese
3 dl Kaninchenfond
5 cl Crème double
70 g Butter
50 g Schalotten
Pilzabfälle
Salz
weißer Pfeffer aus der Mühle
Kräuterspatzen:
150 g Mehl
3 Dotter
40 g Butter
15 g feingehackte Kräuter
(Petersilie, Estragon, Kerbel, Basilikum etc.)
Muskatnuß
1 dl Milch
10 g Zucker
15 g Salz
3 g Germ
Erdnußöl zum Backen
Kohlpudding:
1 mittlerer Kohlkopf
2 Schalotten
⅛ l Weißwein
1/10 l Crème fraîche
100 g Butter
4 Eier
30 g Schmolle von Weißbrot
100 g Beinschinken
20 g Zucker
geriebene Muskatblüte
Salz
weißer Pfeffer aus der Mühle

Kaninchenrücken parieren, Häute abziehen, würzen, in geklärter Butter anbraten und im Rohr etwa 6 Minuten auf den Punkt braten. Herausnehmen, in Folie gewickelt warmstellen.
Kräuterspatzen: Erwärmtes, gesalzenes Mehl mit lauwarmer Milch, Zucker, Dotter, geschmolzener Butter, einem Dampfl aus Germ und lauwarmer Milch zu einem nicht zu festen Teig vermengen. Diesen abgeschlagen und ½ Stunde an einem warmen Ort aufgehen lassen.
Kohlpudding: Einige große Kohlblätter ablösen und kernig kochen, Strunk und grobe Rippen herausschneiden und den Kohl in ausreichend Salzwasser blanchieren. Gehackte Schalotten mit Zucker in etwas Butter anschwitzen, mit Weißwein ablöschen. Crème fraîche zugeben, mit dem zerkleinerten Kohl fast weichdünsten, dann im Mixer pürieren. Butter und Dotter zu einem Abtrieb verarbeiten, dann mit dem Kohlpüree, dem kleingeschnittenen Schinken und der Schmolle vermischen. Das zu Schnee geschlagene Eiklar locker unterheben; die Masse mit den Gewürzen abschmecken.
Gehackte Schalotten und Pilzabfälle im Rückstand anschwitzen. Restliches Bratfett abgießen, mit dem Wein ablöschen – mit dem Fond aufgießen, auf 1 dl einkochen lassen, dann mit kalter Butter montieren; abschmecken und passieren.
Kräuterspatzen: Vom aufgegangenen Teig Nocken reißen und im heißen Fett ausbacken.
Kohlpudding: Eine passende Form mit Butter ausstreichen, mit den Blättern auslegen; die Kohlmasse einfüllen, dann im Wasserbad etwa 25 Minuten pochieren.

Präsentation: Die Filets vom Rücken lösen, der Länge nach in feine Streifen schneiden, auf den gewärmten Tellern placieren und mit Sauce umgeben. Mit dem Kohlpudding und den frisch ausgebackenen Spatzen anrichten.

Zubereitungszeit: Etwa 2½ Stunden.

Schwierigkeitsgrad: Ziemlich kompliziert.

Maroniknöderln auf Rumschaum

Teig:
250 g 10%iger Topfen
100 g Butter
4 Dotter
60 g Mehl
20 g Grieß
Zitronenschale
Vanille
Salz

Fülle:
160 g Maroni
80 g Staubzucker
Baccardi-Rum

Rumschaum:
3 Dotter
80 g Zucker
1/16 l Baccardi-Rum
1/32 l Wein (Muskat)

Butter schaumig rühren, Dotter beifügen, mit Topfen, Mehl und Grieß vermengen, salzen, Zitronenschale und Vanille beigeben und zu einem Teig verarbeiten.
Maroni rösten, schälen und faschieren. Mit Rum und Zucker abarbeiten. Aus der Masse kleine Kugerln formen.
Maronifülle mit Teig umhüllen, im Salzwasser etwa 8 Minuten kochen.
Dotter mit Zucker, Rum und Wein über Dunst im Wasserbad warm aufschlagen.

Präsentation: Die Knöderln werden auf dem Rumschaum angerichtet, nicht übergossen.

Zubereitungszeit: 1 Stunde, 20 Minuten.

Schwierigkeitsgrad: Mittel.

Besitzer: Nikolaus Kulmer

Wintermenü

Rezepte: Franz Schneider

MITTAG:

Kipflersalat mit Gänseinnereien und Champignons
Gefüllter Kalbsschlepp in seiner Suppe
Grüne Rinder-, Kalbs- und Lammzunge im Kräutersud
Mohnkoch mit Preiselbeeren und Rotweinschaum

Weinempfehlung:

Rheinriesling Ried Weißenkirchner Steinriegel
Jahrgang 1981, Weingut Franz Prager
Weißenkirchen in der Wachau

Kipflersalat mit Gänseinnereien und Champignons

350 g Kipfler, gekocht und geschält
4 Gänseherzen und
2 Gänselebern (keine Stopflebern)
60 g Frühstücksspeck
80 g Vogerlsalat
60 g blättrig geschnittene, rohe Champignons
20 g feingeschnittene rote Zwiebeln
4 Sardellenfilets, in je 4 Streifen geschnitten
Nußöl
Weinessig
Salz
Zitronensaft
weißer Pfeffer aus der Mühle
Erdnußöl zum Braten
Schnittlauch zum Bestreuen

Noch warme Kipfler feinblättrig schneiden und mit den Zwiebeln, Nußöl, Essig, Salz, Pfeffer marinieren und beiseite stellen.
Vogerlsalat und Champignons mit Salz, Zitrone und Nußöl abschmecken.
Gänselebern und -herzen zart rosa braten, etwas rasten lassen, halbieren, mit Salz und Pfeffer würzen.
Speckstreifen knusprig braten.

Präsentation: Vogerlsalat am Rande der Fleischteller anrichten, Erdäpfelsalat in die Mitte setzen, gebratenen Speck und Sardellenfilets auf den Kipflersalat legen, mit den Gänselebern und -herzen garnieren und mit Schnittlauch bestreuen. Nach Belieben dazu kleine Knoblauchtoasts servieren.

Zubereitungszeit: Etwa 70 Minuten.

Schwierigkeitsgrad: Mittel.

Gefülltes Schweinsfilet in Veltlinersauce ▷
(Rezept S. 65)

Gefüllter Kalbsschlepp in seiner Suppe

4 Scheiben Kalbsschlepp zu je 100 g
1 kleine gelbe Rübe
1 kleine Karotte
Lorbeerblatt
weiße Pfefferkörner
Salz
Muskat
Petersilie
1 kleine Zwiebel, mit 5 Nelken gespickt
1 l Hühnerbouillon
etwas Schnittlauch

Für die Fülle:
½ Semmel, abgerindet, eingeweicht und passiert
50 g Rindermark
1 Ei
10 g glattes Mehl
10 g Brösel
Muskat
Salz
weißer Pfeffer aus der Mühle

Kalbsschlepp in der Hühnerbouillon mit allen Zutaten etwa 1 Stunde weichkochen, nach und nach verdampfte Flüssigkeit durch kaltes Wasser ersetzen. (Karotte und gelbe Rübe früher aus der Suppe nehmen und als Einlage verwenden.)

Markfülle: Knochenmark erwärmen und durch ein Sieb passieren, um Knochensplitter zu vermeiden. Etwas anstocken lassen, schaumig rühren. Ei, Semmel, Mehl, Brösel und Petersilie daruntermischen und mit Salz, Pfeffer und Muskat würzen.
Kalbsschlepp etwas abkühlen lassen, mit kleinem Messer vorsichtig vom Knochen trennen, mit der Markfülle füllen, in gebutterte Folie wickeln und nochmals etwa 15 Minuten in der Suppe leicht kochen. Herausnehmen und auswickeln.

Präsentation: Suppe durch ein Tuch seihen, mit Salz und Muskat abschmecken, auf Tellern anrichten. Kalbsschlepp und Mark mit den in Scheiben geschnittenen Karotten und

◁ *Grüne Rinder-, Kalbs- und Lammzunge im Kräutersud (Rezept S. 130)*

gelben Rüben auf jeden Teller geben und mit Schnittlauch bestreuen.

Zubereitungszeit: 1 Stunde, 40 Minuten.

Schwierigkeitsgrad: Mittel.

MITTAGSMENÜ / HAUPTSPEISE

Grüne Rinder-, Kalbs- und Lammzunge im Kräutersud

(Abb. S. 129)

2 Lammzungen
1 kleine Kalbszunge
300 g Rindszunge
1 große Zwiebel, mit Nelken gespickt
1 kleine gelbe Rübe
1 kleine Karotte,
weiße Pfefferkörner
Lorbeerblatt
Petersilienstengel
⅛ l trockener Weißwein
120 g Butter
Zitronensaft nach Geschmack
1 EL gehackte Kräuter (Petersilie, Estragon, Kerbel, Schnittlauch)
2 Stangen Lauch
250 g gekochte rote Rüben
1 EL gerissenen Kren
weißer Pfeffer aus der Mühle
Salz

Zungen mit Wasser bedecken, mit Zwiebel, Karotte, gelber Rübe, Lorbeerblatt, Pfefferkörnern und Petersilienstengeln langsam kochen. Nach 35–40 Minuten Lammzungen herausnehmen, kalt abschrecken und Haut abziehen, nach 60–70 Minuten ebenso mit der Kalbszunge und nach 2 Stunden in gleicher Weise mit der Rindszunge verfahren.
Weiße untere Enden des geputzten Lauchs in Streifen schneiden und etwa 2 Minuten blanchieren, in Eiswasser abschrecken.
Rote Rüben schälen, mit kleinem Ausstecher Kugeln ausstechen.

Kräutersud: ⅛ l Zungenfond und ⅛ l Weißwein auf 1 dl einkochen und mit der Butter montieren. Mit Zitronensaft und den gehackten Kräutern würzen. Nach Bedarf salzen.

Präsentation: Die Zungen in feine Scheiben schneiden und im restlichen Sud erwärmen, ebenso das Gemüse. In Suppentellern anrichten, mit Lauch und roten Rüben garnieren und mit Kräutersud bedecken. Den gerissenen Kren gesondert servieren.

Zubereitungszeit: 2½–3 Stunden.

Schwierigkeitsgrad: Einfach.

MITTAGSMENÜ / DESSERT

Mohnkoch mit Preiselbeeren und Rotweinschaum

4 Eier
90 g Butter
50 g geriebene Haselnüsse
120 g Mohn
120 g Zucker
Butter und Staubzucker für die Formen

Für den Rotweinschaum:
3 Dotter
2 EL Zucker
⅛ l Rotwein (St. Laurent)
4 EL Preiselbeerkompott
4 EL Schlagobers

Weiche Butter mit der Hälfte des Zuckers und den Dottern schaumig rühren. Eiweiß mit dem restlichen Zucker zu Schnee schlagen. Halbe Schneemasse mit Mohn und Nüssen vermischt unter die Butter/Zucker/Dotter-Masse mengen. Restlichen Schnee vorsichtig unterziehen.
Feuerfeste Puddingformen oder Kaffeetassen mit Butter ausstreichen und mit Staubzucker ausstauben. Mit der Masse ¾ hoch füllen und im Wasserbad im Rohr bei 160° C etwa 40 Minuten pochieren.

Rotweinschaum: Dotter, Zucker und Rotwein über Dunst (im Wasserbad) aufschlagen.

Präsentation: Mohnkoch auf Teller stürzen und mit Rotweinschaum, Preiselbeerkompott und geschlagenem Obers garnieren.

Zubereitungszeit: 1 Stunde, 25 Minuten.

Schwierigkeitsgrad: Ziemlich einfach.

RESTAURANT SAILER

Besitzer: Johannes Sailer

Wintermenü

Rezepte: Helmut Röver

ABEND:

Gesulzte Schweinsstelze mit Schwarzwurzeln und Blattspinat
Klare Fischbeuschelsuppe
Schinkensoufflé mit Madeirasauce
Petersfischfilet mit Sellerie und Roter-Rüben-Oberskrensauce
Mangosorbet
Rehfilet mit Orangensauce und Maroniknöderln
Mohnpalatschinken mit Powidlsauce

Weinempfehlung:

Riesling Kabinett Ried Herstell
Jahrgang 1976
Winzergenossenschaft Wachau, Dürnstein

Blauer Zweigelt Reserve, Kommende Mailberg
Jahrgang 1979, Weinbaugebiet Retz
Souveräner Malteser Ritterorden

Gesulzte Schweinsstelze mit Schwarzwurzeln und Blattspinat

1 hintere Schweinsstelze
1 Bund Suppengrün
1 Lorbeerblatt
10 Pfefferkörner
1 Zehe Knoblauch
Petersilie
200 g Blattspinat
200 g Schwarzwurzeln
Erdnußöl
Weinessig
weißer Pfeffer aus der Mühle
Salz

Schweinsstelze in kaltem Wasser mit Suppengrün, Lorbeerblatt, Pfefferkörnern, Knoblauch und Petersilie aufstellen und etwa 1½ Stunden kochen, bis die Stelze weich ist.
Schweinsstelze auskühlen lassen und in kleine Würfel schneiden; diese in Jena-Form mit geschnittenem Gemüse und etwas Sud füllen und im Kühlschrank gelieren lassen. Frischen Blattspinat in Salzwasser kurz blanchieren, sofort abseihen, mit kaltem Wasser abschrecken und gut abtropfen lassen.
Schwarzwurzeln schälen, in Salzwasser knackig kochen und abseihen.

Präsentation: Blattspinat ohne Strünke und die Schwarzwurzeln in Weinessig, Öl, Salz und Pfeffer marinieren, am Tellerrand sternförmig anrichten und in die Mitte des Tellers die in Scheiben geschnittene gesulzte Stelze legen.

Zubereitungszeit: 2 Stunden, 10 Minuten.

Schwierigkeitsgrad: Ziemlich einfach.

Klare Fischbeuschelsuppe

300 g Fischbeuschel
2 Karotten
½ Knollensellerie
1 Lauch
1 mittlere Zwiebel
Petersilie
⅛ l Rotwein
weißer Pfeffer aus der Mühle
Erdnußöl
Salz
1 l Wasser

Gemüse schälen, in Julienne schneiden. Zwiebel mit Öl und Gemüse gut anrösten, mit Rotwein löschen und mit einem Liter kalten Wassers auffüllen.
Fischbeuschel in kaltem Wasser gut auswaschen und in die Suppe geben; diese etwa ¾ Stunden leicht köcheln lassen, und mit Salz, Pfeffer und Petersilie abschmecken.

Präsentation: In Suppentellern oder -schalen anrichten. Mit Schnittlauch bestreuen.

Zubereitungszeit: Etwa 70 Minuten.

Schwierigkeitsgrad: Einfach.

Schinkensoufflé mit Madeirasauce

300 g fein faschierter Schulterschinken
⅛ l brauner Kalbsfond
3 Eier
1/16 l Madeira
⅛ l Obers
Butter
Salz
4 schwarze Trüffelscheiben

Schinken mit Butter und 3 Dottern schaumig rühren, Schnee von 3 Eiweiß darunterziehen und mit einer Prise Salz abschmecken.
Schinkenmasse in eine gebutterte Pfanne geben und im Rohr bei 180° C 30 Minuten backen.

Sauce: Braunen Fond mit Obers aufkochen, Madeira beigießen, mit Butter montieren und mit einer Prise Salz abschmecken.

Präsentation: Schinkensoufflé auf Tellern anrichten, mit Madeirasauce nappieren.

Zubereitungszeit: Etwa 50 Minuten.

Schwierigkeitsgrad: Ziemlich einfach.

Petersfischfilet mit Sellerie und Roter-Rüben-Oberskrensauce

4 Filets vom Petersfisch zu je 350 g
1 ganze Sellerieknolle
2 frische rote Rüben
2 dl trockener Weißwein
¼ l Obers
Petersilie
Salz
weißer Pfeffer aus der Mühle
1 Zitrone
1 frische Krenwurzel, gerieben

Petersfisch vom Fischhändler in Filets schneiden lassen. Sellerie und rote Rüben schälen und in Julienne schneiden, getrennt in Salzwasser mit etwas Zitronensaft nicht zu weich kochen.
Petersfischfilets salzen und pfeffern, in gebutterte Pfanne legen und mit Weißwein auffüllen; Pfanne mit einer Folie abdecken, auf den Herd stellen, aufkochen und 5 Minuten ziehen lassen.

Oberskrensauce: Fischfond reduzieren, mit Obers montieren, geriebenen Kren und Petersilie hinzufügen.

Präsentation: Heiße Sellerie- und Rote-Rüben-Julienne vermischt anrichten. Petersfischfilets darauflegen und mit Oberskrensauce nappieren.

Zubereitungszeit: 55–60 Minuten.

Schwierigkeitsgrad: Kompliziert.

Mangosorbet

250 g Mangofruchtfleisch
1 dl Wasser
100 g Zucker
20 g Zitronensaft
5 cl Weißwein

Mangofrüchte schälen. Fruchtfleisch in kleine Stücke schneiden, sämtliche Zutaten mixen, passieren und in der Sorbetmaschine frieren.

Präsentation: In Schalen oder Kelchen anrichten.

Schwierigkeitsgrad: Einfach.

ABENDMENÜ / HAUPTSPEISE

Rehfilet mit Orangensauce und Maroniknöderln

1 ausgelöster Rehrücken
Saft von 3 ausgepreßten Orangen
2 cl Cointreau
50 g Zucker
1 Dose Maronipüree
$\frac{1}{16}$ l Obers
100 g Biskuitbrösel
125 g Butter
1 Ei

Maronipüree mit Obers und dem Ei abmischen, mit den Biskuitbröseln binden. Kleine Knöderln formen und im Kühlschrank kaltstellen.
Orangensauce: Zucker karamelisieren lassen und mit Orangensaft ablöschen, einkochen. Mit etwas Obers und Butter montieren. Mit Cointreau abschmecken.
Rehfilets im ganzen beiderseits anbraten und unter oftmaligem Wenden rosa braten.

Maroniknöderln in Butter schwenken, 5 Minuten zugedeckt ziehen lassen.

Präsentation: Rehfilet in dünne Scheiben schneiden, mit den Maroniknöderln und der Orangensauce anrichten.

Zubereitungszeit: 35–40 Minuten.

Schwierigkeitsgrad: Ziemlich einfach.

ABENDMENÜ / DESSERT

Mohnpalatschinken mit Powidlsauce

100 g glattes Mehl
2 Eier
⅛ l Milch
Vanillezucker
Fülle:
¼ l Milch
100 g Mohn
50 g Rosinen
100 g Butter
100 g geriebene Nüsse
50 g Zucker
Powidlsauce:
1 Glas Powidl
⅛ l Obers
1 Schuß Cognac

Palatschinkenteig anrühren.
Mohnfülle: Milch mit Zucker, Rosinen, Butter und Mohn aufkochen, geriebene Walnüsse beimengen und 10 Minuten ziehen lassen.
Powidlsauce: Powidl mit Obers und etwas Cognac kurz aufkochen.
Palatschinken ausbacken.
Mohnfülle in Palatschinken füllen und dreieckig zusammenlegen. Warmstellen.

Präsentation: Die gefüllten Palatschinken mit Powidlsauce nappieren.

Zubereitungszeit: 65–70 Minuten.

Schwierigkeitsgrad: Ziemlich einfach.

STEIRERECK
WIEN

Besitzer: Heinz Reitbauer

Wintermenü

Rezepte: Helmut Österreicher

ABEND:

Kalbshirn mit Avocados, in Traubenkernöl und Schnittlauch mariniert
Blutwurstsuppe mit kleinen Krennockerln
Rehleberkuchen mit Nelkenäpfelchen und Zuckermais
Flußbarsch auf Mangoldblättern mit Schilcherbutter
Quittensorbet
Milchlammstelze auf Kürbis mit Paprikagemüse
Karamelstrudel in Rosinensauce

Weinempfehlung:

Weststeirischer **Schilcher Rosé**
Jahrgang 1982, Ried Burgegg
Weingut Schilcher, E. Müller, Gr. St. Florian

Cabernet-Merlot, Vöslauer Rebe
Jahrgang 1979
Schlumberger Privatkeller, Bad Vöslau

Kalbshirn mit Avocados, in Traubenkernöl und Schnittlauch mariniert

300 g Kalbshirn
2 vollreife Avocados
5 EL Traubenkernöl
3 EL Weinessig
16 geschälte, entkernte Trauben
Feldsalat
Eichblattsalat
Kresse
Rotkrautjulienne
1 Bund Schnittlauch
1 Schuß Weißwein
etwas Estragonsenf
Salz
weißer Pfeffer aus der Mühle
Zitronensaft

Kalbshirn für ½ Stunde unter fließendes Wasser legen oder 4 Stunden in kaltem Wasser lagern (um Grauwerden zu verhindern); herausnehmen, abtropfen lassen und die blutigen Teile vorsichtig abziehen.
Avocados schälen, der Länge nach hauchdünn schneiden und sofort mit Zitronensaft beträufeln.
Schnittlauch ganz fein schneiden.
In einer Salatschüssel Senf, Salz, Pfeffer und Schnittlauch mit Weinessig vermischen und das Traubenkernöl nach und nach einarbeiten.
Die Salate gut waschen und abtrocknen.
Hirnhälften in einen Sud aus viel Wasser, Salz und einem Schuß Weißwein einlegen. Hierin einige Minuten pochieren, dann vom Feuer nehmen und zugedeckt im Sud abkühlen lassen. Mit Salz und Pfeffer abschmecken.

Präsentation: Die Salate durch die Marinade ziehen und auf die Teller verteilen, darauf legt man die abgekühlten Hirnhälften und garniert sie mit Rotkrautjulienne und den Trauben.

Zubereitungszeit: Etwa 40 Minuten.

Schwierigkeitsgrad: Relativ einfach.

Blutwurstsuppe mit kleinen Krennockerln

(Abb. S. 33)

400 g enthäutete Blutwurst
70 g feingehackte Zwiebel
3 Knoblauchzehen
70 g Butter
¾ l Bouillon
1/16 l Blut
weißer Pfeffer aus der Mühle
Salz

Für die Krennockerln:
1 Ei
1 Dotter
30 g zerlassene Butter
4 cl Bier
1 EL gehackte Kresse
60 g gerissener Kren
60 g glattes Mehl
Salz

Zwiebel und Knoblauch in Butter anschwitzen, Blutwurst miträsten, Bouillon aufgießen und etwa 10 Minuten leicht köcheln lassen. Durch ein feines Sieb streichen und würzen.

Krennockerln: Ei, Dotter, Butter und Mehl verrühren. Danach aus den restlichen Zutaten einen Nockerlteig herstellen. Mit Salz abschmecken.
Den Nockerlteig mit einem Messer in siedendes, gesalzenes Wasser eintropfen, nach 6–8 Minuten herausnehmen und abschrecken. Die Suppe nochmals zum Sieden bringen und unter ständigem Rühren mit Blut binden.

Präsentation: Nockerln in die Suppe geben und auf 4 Teller aufteilen.

Zubereitungszeit: 40–45 Minuten.

Schwierigkeitsgrad: Einfach.

Rehleberkuchen mit Nelkenäpfelchen und Zuckermais

180 g Rehleber
30 g Schlagobers
1 Ei
60 g braune Butter
etwas Thymian
100 g Maiskörner
je 1 Schuß Cognac und Noilly Prat
Salz
weißer Pfeffer aus der Mühle

Für die Nelkenäpfelchen:
⅛ l Apfelsaft
12 geachtelte, geschälte Äpfel ohne Kerngehäuse
6 Gewürznelken

Für die Sauce:
4 cl Portwein
3 cl Rotwein
1 dl Wildglace

Rehleber kleinwürfelig schneiden, mit dem Ei, dem Schlagobers, dem Noilly Prat, dem Cognac und den Gewürzen im Mixer zerkleinern und nachher passieren.
Gewürznelken mit Apfelsaft 8–10 Minuten auf dem Herd leicht ziehen lassen. Anschließend die Apfelspalten in diesem Fond weichdünsten.
Maiskörner 20 Minuten in Salzwasser kochen.
Die lauwarme braune Butter wird mit der passierten Rehleber vermengt und die Masse in kleine, gebutterte Formen gefüllt. Anschließend im Backrohr bei 200° C etwa 15–20 Minuten pochieren.
Maiskörner in etwas Butter goldbraun rösten, salzen und leicht zuckern.
Wildglace, Rotwein und Portwein in einer Pfanne auf die Hälfte reduzieren, abschmecken und mit Butter montieren.

Präsentation: Die Kuchen werden auf Teller gestürzt, mit Zuckermais und Nelkenäpfelchen ringsum belegt und die Sauce darübergegeben.

Zubereitungszeit: 80–85 Minuten.

Schwierigkeitsgrad: Kompliziert.

Flußbarsch auf Mangoldblättern mit Schilcherbutter

4 Flußbarschfilets
einige Mangoldblätter
150 g Gemüse für den Fond (Stangensellerie, Lauch, gelbe Rüben, Wacholderbeeren, Lorbeerblätter)

Für die Schilcherbutter:
3/8 l Schilcherwein
4 cl roter Portwein
1 EL feingehackte Schalotten
1 EL Rote-Rüben-Julienne
100 g Butter

Von den ausgelösten Barschfilets die Haut abziehen. Kleingeschnittenes Gemüse mit etwa 1/2 l Wasser in einer Kasserolle mit Grilleinsatz aufs Feuer stellen zur Warmhaltung für die Barschfilets.
Schilcherbutter: Alle Zutaten außer der Butter auf 1/10 reduzieren, etwas salzen.
Die Barschfilets salzen, pfeffern und über dem Gemüsedampf garziehen lassen.
3 Minuten, bevor die Filets gar sind (Halbzeit), gibt man die gewaschenen, halbierten Mangoldblätter in die Kasserolle.
Sauce: Die reduzierte Sauce wird nun unter ständigem Rühren mit gekühlter Butter in Flocken aufmontiert. Die Sauce darf nicht mehr kochen!

Präsentation: Die Mangoldblätter flach auf die heißen Teller verteilen. Darauf legt man die Barschfilets und gießt die Schilcherbutter darüber. Sofort servieren! – Dieses Gericht darf nicht auf den Gast waren, es muß im letzten Augenblick angefertigt werden.

Zubereitungszeit: 40–45 Minuten.

Schwierigkeitsgrad: Mittel.

Quittensorbet

200 g Quitten
30 g Zucker
⅛ l trockener Weißwein
⅛ l Wasser
etwas Zitronensaft
evtl. 4 Minzeblätter

Die Quitten waschen und von den Stielen befreien. Die Früchte vierteln, mit den anderen Zutaten in einen Topf geben, aufkochen und bei kleiner Hitze köcheln. Die zu Mus gekochten Quitten durch ein Sieb streichen.
Den sirupähnlichen Saft mit Zitronensaft abschmecken. Abkühlen lassen und ca. 5 Minuten in der Sorbetière gefrieren.

Präsentation: In einem Glas servieren und mit einem Minzeblatt dekorieren.

Zubereitungszeit: 25–30 Minuten.

Schwierigkeitsgrad: Einfach.

Milchlammstelze auf Kürbis mit Paprikagemüse

(Abb. S. 96)

4 Lammstelzen zu je etwa 250 g
200 g Muskatkürbis
1/16 l Erdnußöl
1/8 l Lammfond
1/8 l Rotwein
100 g Butter
1 EL geriebener Gruyère
etwas Basilikum
Salz
weißer Pfeffer aus der Mühle

Für das Paprikagemüse:
200 g grüner Paprika
50 g Butter
3 EL Crème double

Stelzen zuparieren, würzen und in heißem Öl Farbe nehmen lassen.
Paprika in Julienne schneiden.
Stelzen im Rohr bei 220° C in etwa 50 Minuten fertig braten. Zwischendurch mit Rotwein-Lammfondgemisch übergießen. Herausnehmen, an einem warmen Ort ruhen lassen und den Bratrückstand mit dem restlichen Lammfond/Rotwein aufgießen, reduzieren und mit Butter montieren.
Den Muskatkürbis in 5-mm-Streifen schneiden und in etwas Butter weichdünsten. Mit Gruyère, Salz und Pfeffer würzen.
Paprika in Butter anschwitzen und mit Crème double bis zu dicklicher Konsistenz einkochen.

Präsentation: Kürbis in der Mitte der Teller anrichten. Lammstelzen darauflegen und mit Paprikagemüse umkränzen. Die Stelzen mit Sauce nappieren. Als weitere Beilagen sind Teigwaren geeignet.

Zubereitungszeit: 1 Stunde, 55 Minuten.

Schwierigkeitsgrad: Ziemlich kompliziert.

Karamelstrudel in Rosinensauce

1 Paket Strudelteig
Für die Fülle:
100 g Kristallzucker
1/8 l Obers
60 g Butter
60 g entrindetes Weißbrot
50 g fein geriebene Biskottenbrösel
3 Eier

Für die Sauce:
1/8 l Weißwein (Muskat)
1/8 l Traubensaft
1/8 l Obers
Saft von einer Zitrone
160 g Rosinen
4 cl Rum

Kristallzucker karamelisieren, mit Obers aufgießen und kaltstellen. Butter und Dotter schaumig rühren, vom Eiweiß Schnee schlagen. Weißbrot kleinwürfelig schneiden und mit allen anderen Zutaten zusammenmengen.
Rosinensauce: Rosinen im Traubensaft einige Stunden einweichen, mit Wein und Obers aufkochen. Abkühlen lassen, dann Rum einrühren.
Fülle in den ausgezogenen Strudelteig einrollen und bei 220° C etwa 25 Minuten backen.
Währenddessen Rosinensauce in der Sorbetière halbcremig gefrieren.

Präsentation: Sauce auf gekühlte Teller gießen und den heißen Strudel, in Stücke geschnitten, darin servieren.

Zubereitungszeit: 70–75 Minuten.

Schwierigkeitsgrad: Mittel.

Klassische Wiener Gerichte nach den Grundsätzen der NWK zubereitet

Vielleicht erinnern Sie sich noch an das sogenannte 8. Gebot der *NWK*, in dem es heißt, die *NWK* werde nicht den Versuch unternehmen, klassische Rezepte der alten Wiener Küche zu reformieren, sondern die traditionelle Speisekarte durch neue, dem Geschmack und den Bedürfnissen unserer Tage angemessene Kreationen zu ergänzen und zu bereichern.

Bald kam man darauf, daß dieses Gebot überflüssig war. Manche äußerst beliebte alte Rezepte schrien geradezu danach, entfettet und von überflüssigem Ballast befreit zu werden, wie z. B. das Beuschel. Also wurde dieses Gebot – als unpraktikabel – vorsätzlich übertreten. Auf den folgenden Seiten finden Sie eine ganze Reihe von klassischen Gerichten, die nach den Grundsätzen der *NWK* gekocht werden. Ich finde, fast alle haben dadurch nur gewonnen.

Da der Tafelspitz in den Titel gerutscht ist, gebe ich hier das Rezept, wie die klassische (und »Neue«) Wiener Küche das Rindfleisch (welches Stück immer) kocht.

Zutaten: 600 g Tafelspitz (mit Fettrand!), 200 g Wurzelwerk (Karotten, Petersilienwurzel, Sellerieknolle, alles Julienne), 1 Zwiebel, Gewürzsackerl (Pfefferkörner, Lorbeerblatt, Knoblauchzehe), 100 g Suppengrün (Lauch, Selleriegrün, Petersilie, Kerbel), 2–3 Markknochen, Salz.

Zubereitung: Knochen blanchieren, zusetzen, rund ½ Stunde unter Beigabe von Zwiebel und Gewürzsackerl kochen lassen. Tafelspitz und Wurzelwerk ins siedende Wasser legen und langsam garziehen lassen. Gegen die Faser schneiden, salzen und mit Schnittlauch bestreuen.

Klassische Beilagen: Geröstete Erdäpfel, Schnittlauchsauce und Apfelkren sowie ein beliebiges Gemüse.

Schweinshaxerln, gefüllt, mit Petersilienpüree

(Abb. S. 161)

2 ganze und 4 hohl-ausgelöste Schweinshaxerln
400 g entsehntes kurzes Schweinskarree
200 g Rückenspeck
100 g Gänsestopfleber
luftgetrocknete Weintrauben
¼ l Obers
3 Eiweiß
1 Schuß Cognac
Salz
weißer Pfeffer aus der Mühle
Pastetengewürz
Sauce:
je 100 g Karotten, Stangensellerie und Lauch
150 g Schalotten
Champignonabfälle
3 dl Weißwein (Trockenbeerenauslese)
1 l brauner Kalbsfond
50 g Butter
1/16 l Erdnußöl
1–2 Gewürznelken
Lorbeer
Thymian
Pfefferkörner
1 Prise Zucker
1 Schuß Essig
Garnitur:
je 50 g Schinken, Butter, Schalotten, Karotten, Kohlrüben
4 Steckrüben
Petersilienpüree:
200 g Petersilienwurzeln
50 g Erdäpfel
¼ l Obers
50 g Butter
1 Bund Petersilie
Salz
weißer Pfeffer aus der Mühle
Muskatblüten

Im braunen Kalbsfond die ganzen Haxerln weichkochen, noch warm die Gallerte von den Knochen lösen und in kleine Würfel schneiden.
Karree und Rückenspeck durch die grobe Scheibe des Fleischwolfs drehen, ¼ der Masse im Mixer ganz fein pürieren. Mit Pastetengewürz, Cognac und Salz würzen. Diese Arbeitsgänge sollen bei möglichst niedriger Temperatur verrichtet

werden. Haxerlfleisch und Gänseleber, kleinwürfelig geschnitten, unter die Farce mischen, eventuell nachwürzen. Die gewaschenen, gewürzten, ausgelösten, rohen Haxerln mit der Farce füllen, zunähen und formgerecht in Alufolie einhüllen. Das Wurzelwerk, die Pilzabfälle und die Kräuter und Gewürze in etwas Öl anschwitzen, mit Weißwein und dem Fond auffüllen und langsam, etwa 1½ Stunden weichdünsten. Dann herausheben, aufschneiden, warmstellen.

Sauce: Den Fond durch ein Tuch seihen, 1 Teelöffel Zucker karamelisieren, mit einigen Tropfen Weinessig ablöschen, etwas Fond dazugeben und mit etwas Butter montieren, abschmecken.

Petersilienpüree: Die geschälten Petersilienwurzeln und die Erdäpfel in ½ cm dicke Scheiben schneiden und kurz blanchieren. In Obers ganz weich kochen, dann im Mixer mit dem Petersiliengrün pürieren. Mit Salz, Pfeffer und etwas gemahlener Muskatblüte abschmecken und mit frischer Butter aufschlagen.
Für die Garnitur werden die Karotten und Kohlrüben tourniert, die Schalotten geviertelt und in Butter glaciert. Alles in die Steckrüben füllen.

Präsentation: Aufgeschnittene Schweinshaxerln anrichten, mit der Garnitur und dem Petersilienpüree umgeben.

Zubereitungszeit: 2½–2¾ Stunden.

Schwierigkeitsgrad: Kompliziert.

Kalbsstelze in Kräuterdampf gegart mit Gemüse und Kerbelbutter

1 Kalbsstelze
⅛ l Geflügelfond
100 g Speckscheiben
1 Schweinsnetz
Kerbel, Estragon
Petersilie
je 200 g Karotten, weiße und gelbe Rüben, tourniert
4 Jungzwiebeln
4 cl Obers
120 g Butter
Zitronensaft
Salz
weißer Pfeffer aus der Mühle

Stelze in Frühstücksspeck wickeln und in Schweinsnetz einschlagen, in den gelochten Einsatz des Dampfkochtopfes legen. Ungesalzenen Geflügelfond unter der Höhe des Einsatzsiebes in den Topf geben, Kräuter hinzufügen (die Hälfte des Kerbels reservieren) und die Stelze 1½ Stunden (im Schnellkochtopf, im normalen Topf dauert es die 2–3fache Zeit) dämpfen. Gemüse tournieren.
Stelze aus dem Topf nehmen und warmstellen; das tournierte Gemüse mit den Zwiebeln in den Topf geben und in etwa 12 (30) Minuten fertigdämpfen. 1 dl Fond aus dem Topf nehmen, etwas reduzieren und mit 4 cl Obers und 120 g Butter montieren. Den gehackten Kerbel dazugeben und mit Salz, Pfeffer und Zitronensaft würzen.

Präsentation: Netz und Speck entfernen und die Stelze in daumendicke Stücke schneiden.
Fleisch mit Gemüse auf einer Platte anrichten. Sauce getrennt reichen.

Zubereitungszeit: 2 Stunden im Schnellkochtopf bzw. 4½ bis 5 Stunden im normalen Topf.

Schwierigkeitsgrad: Relativ einfach.

Schweinsschulter gedämpft auf Wurzelsud mit Kren / Brennesselknöderln

1,2 kg Schweinsschulter
150 g Karotten
150 g Petersilienwurzeln
100 g Stangensellerie
⅛ l Crème fraîche
¼ l klarer Kalbsfond
Champagneressig
Kren
Salz
150 g Lauch

Brennesselknöderln:
80 g Brennesseln
125 g Grieß
4 Eier
¼ l Milch
2 Semmeln
30 g Butter
½ l heller Kalbsfond
Muskat
Salz
weißer Pfeffer aus der Mühle

Die Schweinsschulter vom Knochen lösen und von der Schwarte trennen; in vier gleichgroße Teile schneiden. Das Gemüse feinnudelig schneiden und im Kalbsfond etwa 3 Minuten kochen, mit Champagneressig ablöschen.

Brennesselknöderln: Die Brennesseln in Salzwasser kurz blanchieren, in eiskaltem Wasser abkühlen, die Hälfte davon im Mixer pürieren. Semmeln würfelig schneiden, in Butter rösten.
Die Tranchen der Schweinsschulter im Dämpfer etwa 8–10 Minuten garen. Das Gemüse und den Kalbsfond mit Crème fraîche und gerissenem Kren vermengen.
Brennesselknöderln: Milch und Butter aufkochen. Grieß einkochen und ausquellen lassen; nach dem Auskühlen Salz, Eier, geröstete Semmelwürfel sowie die pürierten und die ganzen Brennesseln einrühren. Masse anziehen lassen, Knöderln formen und 10 Minuten im Kalbsfond kochen.

Präsentation: Schultertranchen auf Wurzelsud mit Kren und Brennesselknöderln auf Tellern anrichten.

Zubereitungszeit: 65–70 Minuten.

Schwierigkeitsgrad: Ziemlich einfach.

KUPFERDACHL

Kalbsbeuschel

1 kg Kalbslunge und -herz
1 l heller Kalbsfond
30 g Wurzelwerk
1 Zwiebel
2 Essiggurkerln
20 g Kapern
1 Zehe Knoblauch
1 Sardellenfilet
etwas gut gewaschene Zitronenschale
Petersilie
1 Stengel Thymian
1 Nelke
1 Lorbeerblatt
1 Prise Majoran
6 Pfefferkörner
$^1/_{16}$ l trockener Weißwein
$^1/_{16}$ l Weinessig
$^1/_4$ l Obers
$^1/_8$ l Sauerrahm
1 EL Senf
60 g Butter
Salz
weißer Pfeffer aus der Mühle
Zitronensaft
Garnitur:
je 1 pochiertes Ei und Gemüsestreifen

Gut geputzte und gewässerte Kalbslungen und -herzen mit hellem Kalbsfond zustellen. Wurzelwerk und $^1/_2$ Zwiebel, Nelke, Thymian, Lorbeerblatt und Pfefferkörner beigeben und langsam etwa 1$^1/_2$ Stunden kochen. Die Kalbslungen sollen innen noch rosa sein. Lunge und Wurzelwerk herausnehmen und in kaltes Salzwasser legen. Sollte das Herz noch nicht weich sein, alleine weiterkochen, bis es weich ist. Beuschelfond reduzieren. Alle noch vorhandenen Knorpel entfernen und Herz und Lunge in feine, kurze Streifen schneiden. Wurzelwerk und Essiggurkerln in Streifen schneiden. Halbe Zwiebel, Kapern, Sardellenfilet, Petersilie, Zitronenschale und Knoblauch fein hacken und in Butter anrösten, mit Weißwein und Weinessig ablöschen, mit Beuschelfond aufgießen und gut verkochen lassen. Lunge, Herz, Wurzelwerk und Essiggurkerln beigeben. Obers mit Rahm und Estragonsenf verrühren und langsam einrühren. Mit einer Prise Majoran und, wenn notwendig, mit Salz und Pfeffer abschmecken.

Präsentation: Mit Semmel- oder Serviettenknödeln anrichten. Je 1 pochiertes Ei darauflegen.

Zubereitungszeit: 2–2½ Stunden, je nach Kochzeit.

Schwierigkeitsgrad: Kompliziert.

STEINERNE EULE

Innereien-Gulasch mit Gemüseserviettenknödeln

1 Kalbsniere ohne Fett
4 Kalbsleberfilets zu je 30–40 g
120 g Kalbshirn
120 g Kalbsbries
500 g blättrig geschnittene Zwiebeln
30 g Rosenpaprika
4 Paradeiser
¼ l Sauerrahm
3 EL Zitronensaft
weißer Pfeffer aus der Mühle
1 Zehe Knoblauch
Salz
1 l Kalbsfond

Für den Gemüseknödel:

1 Karotte
½ Karfiol
½ Kohlrabi
100 g Champignons, geputzt
Petersilie
100 g Butter
4 Eier
½ Weißbrotwecken (entrindet)
1/16 l Obers
Salz
Muskatblüten

Geschnittene Zwiebeln in Butter anrösten, mit Kalbsfond kurz ablöschen. ½ Paprikaschote in Streifen, die enthäuteten

und geschnittenen Paradeiser und Knoblauch beigeben, gut durchrühren und mindestens eine Stunde kochen, mit verrührtem Sauerrahm binden, nochmals einkochen lassen, passieren und mit Salz und der Zitrone abschmecken.
Das Gemüse für die Knödel kleinwürfelig schneiden und mit wenig Flüssigkeit und einem Stück Butter zugedeckt dämpfen. Es soll noch kernig sein. Das gekochte Gemüse kaltstellen.
Das Weißbrot entrinden, in Würfel schneiden und mit Obers anfeuchten.
Butter mit den Eiern schaumig rühren, das Weißbrot mit den Gemüsen untermengen, frisch gehackte Petersilie beigeben und würzen.
Kalbshirn enthäuten, auf 4 Teile portionieren und pochieren. Kalbsniere in Scheiben schneiden und in Butter braten. Kalbsbries blanchieren, enthäuten und in Scheiben schneiden. Niere, Hirn und Bries in die Paprikasauce geben und etwas ziehen lassen. Halbe restliche Paprikaschote in Julienne schneiden und in Butter sautieren.
Leberfilets in Butter rosa braten und zu den übrigen Innereien in die Paprikasauce geben.

Gemüseknödel: Die Masse in eine Serviette einrollen, an beiden Enden abbinden und 10 Minuten in Salzwasser ziehen lassen.

Präsentation: Die Innereien werden in der Paprikasauce angerichtet und mit der Paprikajulienne und Sauerrahm garniert. Der Serviettenknödel wird, in Scheiben geschnitten, dazugelegt.

Zubereitungszeit: Etwa 2 Stunden, 10 Minuten.

Schwierigkeitsgrad: Mittel.

Gefüllte Kalbsbrust

Für 8–10 Personen:

2 kg Kalbsbrust
1 l heller Kalbsfond
Salz
Für die Fülle:
200 g Schinken
150 g Kalbsnieren
200 g grüne Paprikaschoten
150 g Butter
5 Dotter
100 g Schalotten
100 g Trüffeln
Salz
weißer Pfeffer aus der Mühle
Rosenpaprika
1 Paket Tarhonya

Für die Sauce:
100 g Frühstücksspeck, in Stäbchen geschnitten
100 g Schalotten
250 g Paradeiser
Rosenpaprika
⅛ l Crème fraîche
150 g Butter
Zum Poêlieren der Kalbsbrust:
je 150 g Karotten, Sellerie, Lauch und Petersilienwurzeln
200 g Zwiebeln, alles feingeschnitten
Lorbeerblatt
Thymian
Pfefferkörner
¼ l Weißwein

Fülle: Butter abtreiben, nach und nach die Dotter beimengen. Die gehackten Schalotten in etwas Butter anschwitzen, die feinblättrig geschnittenen Nieren dazugeben und garen. Schinken, abgezogene Paprikaschoten und Trüffeln feinwürfelig schneiden, zu den angeschwitzten Nieren geben, mitschwenken. Dann würzen und mit dem Rosenpaprika leicht färben, erkalten lassen. Tarhonya kochen und dem Butterabtrieb beimengen.
Mit dieser Fülle wird die gewaschene und innen gewürzte Brust gefüllt und zugenäht.
Brust auf den Kalbsfond mit angebratenem Wurzelwerk

legen, mit Butter bestreichen und zudecken; bei 220° C in das Rohr schieben. So oft wie möglich mit dem Bratenrückstand begießen. Nach 1 Stunde Hitze langsam reduzieren und 1 Stunde weitergaren. Die fertige Brust in Pergamentpapier wickeln und etwa 30 Minuten entspannen lassen. Bratensaft erhitzen, bis Butter oben schwimmt; diese abgießen. Saft mit Weißwein und Kalbsfond aufgießen und 1 Stunde köcheln lassen; passieren.

Sauce: Speck blanchieren, in einer Kasserolle anlaufen lassen, grob gehackte Schalotten dazugeben, ebenso die geschälten, geviertelten, entkernten Paradeiser, kurz durchrösten, paprizieren und mit dem Kalbsfond der Brust ablöschen, reduzieren und mit der Crème fraîche aufkochen, mit Butter montieren und würzen.

Präsentation: Brust in dicke Scheiben schneiden, Sauce auf die Teller gießen und die Scheiben darauf placieren.
Es können dazu in Butter geschwenkte Erdäpfel serviert werden.

Zubereitungszeit: 3 Stunden und 5–10 Minuten.

Schwierigkeitsgrad: Kompliziert.

Kohlroulade mit Entenherzen in Koriander

550 g Kalbfleisch
8 schöne ausgesuchte Kohlblätter
400 g geputzte Entenherzen
150 g Weißbrot
2 Eiweiß
3/8 l Obers
Salz
weißer Pfeffer aus der Mühle
etwas Milch
1 EL feingehackter Majoran

Für die Koriandersauce:
1/4 l Geflügelfond
1/8 l Obers
3 EL geschälte, entkernte Paradeiswürfel (Tomates concassées)
80 g Butter
1 EL gestoßener Koriander
Salz
weißer Pfeffer aus der Mühle

Weißbrot in Milch einweichen und mit dem Kalbfleisch zweimal durch die feinste Scheibe des Fleischwolfs drehen. Mit Eiweiß, Obers und Gewürzen im Mixer zu einer feinen Farce vermengen, Entenherzen daruntermengen und in die blanchierten Kohlblätter einwickeln.
Rouladen in eine gebutterte Pfanne schichten und im Rohr bei 240° C etwa 25–30 Minuten braten.

Für die Sauce den Geflügelfond mit Obers und den Gewürzen auf die Hälfte reduzieren. Danach Paradeiswürfel dazugeben und mit Butter montieren.

Präsentation: Die Hälfte der Rouladen anschneiden, die andere im Ganzen belassen.
Auf der Koriandersauce anrichten und mit frischen, gezupften Korianderblättern belegen.

Als Beilage: Heurige Petersilienerdäpfel oder wilder Reis.

Zubereitungszeit: 75–80 Minuten.

Schwierigkeitsgrad: Kompliziert.

Mandeltorte »Neue Wiener Küche«

100 g Butter
100 g 20%iger Topfen
50 g Zucker
50 g geriebene Haselnüsse
50 g geriebene Mandeln
4 Dotter
geriebene Schale einer gewaschenen Zitrone
4 Eiweiß
50 g Zucker
Marillenmarmelade
Staubzucker
Vanille
geriebene Schokoladenspäne

Butter, Zucker und Dotter schaumig rühren, Topfen beimengen, Haselnüsse, Mandeln und Zitronenschale daruntermischen, halbsteif mit Zucker geschlagenes Eiweiß darunterziehen, ganz schwach salzen.
Tortenmasse in gebutterter Form bei 180° C 40 Minuten backen; auskühlen lassen, mit Marillenmarmelade bestreichen und mit Vanillezucker und geriebenen Schokoladenspänen bestreuen.

Schwierigkeitsgrad: Ziemlich einfach.

Topfenknödel mit Zwetschkenröster

Für die Topfenknödel:
80 g Butter
150 g Topfen
4 Eier
4 altbackene Semmeln
100 g Mehl
100 g Brösel
⅛ l Sauerrahm
Schale einer ungespritzten Zitrone
Salz

Für den Zwetschkenröster:
1 kg Zwetschken
150 g Zucker
1 Schuß Rum
Staubzucker

Butter mit Geschmacksbeigaben schaumig rühren, Eier und passierten Topfen dazurühren, entrindete Semmeln in kleinen Würfeln und Sauerrahm, zuletzt Mehl unter die Masse mischen. Eine Viertelstunde ruhen lassen.
Zwetschken waschen und entkernen, mit dem Zucker zu einem dicklichen Mus kochen und zum Schluß einen guten Schuß Rum dazugeben.
Knödel aus der Masse formen und in siedendem Salzwasser eine Viertelstunde kochen. Gut abtropfen lassen und in den gerösteten Bröseln wälzen. Mit Staubzucker bestreuen.

Präsentation: Auf heißen Tellern anrichten.

Zubereitungszeit: Etwa 30 Minuten.

Schwierigkeitsgrad: Einfach.

Rehrückenfilet auf Ribiselsauce ▷
(Rezept S. 93)

Fonds

In der Folge werden die Rezepte für die in den verschiedenen Gerichten verwendeten Fonds gegeben. Sollte weniger als die in den Fondrezepten angegebene Menge gebraucht werden, so kann der Rest portionsweise eingefroren und bei Bedarf wieder aufgetaut werden.

Heller Kalbsfond

Für rund 2 Liter:

4 kg Kalbsknochen (von Rücken und Hals)
1 kg Abfallfleisch vom Zuputzen des Kalbfleischs
7 l Wasser
400–500 g Zwiebeln und Lauch
250 g Karotten
150 g Sellerieknolle
150 g Champignons
3 kleine Lorbeerblätter
Pfefferkörner,
Salz

Die Zutaten in einem großen Topf zum Kochen bringen und 3–4 Stunden köcheln lassen. Durch ein feines Sieb abseihen.

◁ *Gefülltes Schweinshaxerl*
(Rezept S. 149)

Brauner Kalbsfond

Für rund 2 Liter:

4 kg Kalbsknochen
500 g Abfallfleisch
300 g Zwiebeln
150 g Karotten
150 g Sellerieknolle
150 g Lauch
1 dl Erdnußöl
½ l trockener Weißwein
3 l Wasser oder heller Kalbsfond
Petersilie, Rosmarin, Lorbeer, Thymian, Pfefferkörner, Salz

Kalbsknochen im Öl kräftig anrösten, mit Weißwein ablöschen, die übrigen Zutaten beigeben, zum Kochen bringen und 3–4 Stunden köcheln lassen. Vom Feuer nehmen und durch ein feines Sieb abseihen.

Brauner Wildfond

Für rund 2 Liter:

2 kg Wildknochen (Hirsch, Reh)
500 g Abfallfleisch vom Zuputzen
1 dl Erdnußöl
1 l guter herber Rotwein
10 l Wasser
100 g Zwiebeln
5 EL Tomatenmark
150 g Sellerieknolle
150 g Karotten
Lorbeerblätter, Thymian, Rosmarin, Petersilie, Pfefferkörner, Salz

Knochen scharf anrösten, mit Rotwein ablöschen, mit Wasser aufgießen, übrige Zutaten beigeben, zum Kochen bringen und solange kochen, bis die gewünschte Flüssigkeitsmenge erreicht ist (etwa 4 Stunden). Abseihen.

Lammfond

Für etwa 3 Liter:

3 kg Lammknochen
500 g Parüren vom Lamm
100 g Lauch
100 g Karotten
75 g Zwiebeln
50 g Sellerieknolle
100 g Champignonschalen
2 Zweige Thymian
2 l heller Kalbsfond
1 l Wasser
1 dl Erdnußöl
5 dl Rotwein
1 kleines Lorbeerblatt,
Pfefferkörner, Salz

Lammknochen im Öl scharf anrösten, mit dem Rotwein ablöschen und mit dem hellen Kalbsfond aufgießen, würzen und alle Zutaten beifügen, zum Kochen bringen und etwa 2½ Stunden köcheln lassen, bis die gewünschte Menge Lammfond durch Reduktion erreicht ist. Durch ein feines Sieb abseihen.

Heller Geflügelfond

Für 1 Liter:

3 kg Geflügelknochen,
Flügerl, Geflügelklein bzw.
1 kleines Suppenhuhn
2–3 l Wasser
40 g Schalotten
40 g Karotten
70 g Lauch
70 g Sellerieknolle
1 kleines Lorbeerblatt
10 Pfefferkörner
Salz

Geflügelknochen mit allen Beigaben im Wasser erhitzen und zum Kochen bringen. Temperatur reduzieren und etwa 1½ Stunden köcheln lassen. Jedes Kochen nach dem ersten Aufkochen vermeiden. Durch ein feines Sieb abseihen.

Fischfond

Für etwa 2 Liter:

2–3 kg Gräten, Parüren und Köpfe von Magerfischen (Seezunge, Steinbutt, Glattbutt, Seehecht, Merlan, Hecht)
100 g Zwiebeln in Scheiben
200 g Champignonschalen und -stiele
30 g Petersilienstiele
Saft einer Zitrone
1 sehr kleines Lorbeerblatt
1 Zweig Thymian
2½ l Wasser
½ l sehr trockener Weißwein
10 weiße Pfefferkörner (erst 10 Minuten vor dem Passieren beifügen)
10 g Salz

Alle Zutaten (außer Pfeffer) im Wein-Wasser-Gemisch aufstellen und zum Kochen bringen. Temperatur reduzieren und 25–30 Minuten köcheln lassen. Erst nach der Halbzeit Pfefferkörner hinzufügen. Vom Feuer nehmen und durch ein feines Sieb abseihen.

Die Patisserie der »Neuen Wiener Küche«

Der große Fernand Point war ein begeisterter Anhänger der Wiener Konditorkunst. Er sagte: »Die beste Patisserie kommt aus Wien, aber nicht aus Vienne sur Rhône, sondern aus Vienne sur Danube.« In Vienne sur Rhône steht das berühmte Restaurant Points, »La Pyramide«. Er selbst, 1955 im Alter von 56 Jahren viel zu früh gestorben, hat dabei den besten Patissier Wiens, der erst ein Jahr später seine Meisterprüfung abgelegt hatte, gar nicht gekannt.
Karl Schuhmacher, Jahrgang 1934, hatte nach seiner Ausbildungszeit mehrere Jahre als Praktikant im Inland und in der Schweiz verbracht und war sechs Jahre lang Backstubenleiter in Wiens berühmter Konditorei Gerstner und später ein halbes Jahr in der gleichen Funktion in der ebenso bekannten Konditorei Sluka gewesen. Von dort hatte ihn Prof. Alfred Auer in die neueröffnete Kurkonditorei Oberlaa geholt und ihm personal-, material- und gerätemäßig die optimalsten Bedingungen geschaffen, unter denen er zum führenden Patissier Europas wurde. In seiner Konditorei wird keine frische Torte oder Schnitte über Nacht aufgehoben, das Personal kann unter den – allgemein spärlichen – Resten wählen; was dann noch übrigbleibt, kommt allabendlich in Wiener Altersheime. Und vor Schuhmachers Konfekt erbleichen die berühmtesten Konfekterzeuger der Schweiz, Frankreichs, Belgiens und der Bundesrepublik vor Neid.
Außer dem Stammhaus in Oberlaa gibt es noch eine Filiale in Favoriten, eine in der Innenstadt und eine ganze Reihe führender Feinkostgeschäfte, die Schuhmacher mit seinen Erzeugnissen beliefert. Dabei sind alle diese exzellenten Leckerbissen sehr preiswert, und so man sich nicht zu den Torten,

Parfaits und Cremes eine Flasche Sekt vergönnt, sondern sich mit einem Kaffee zufrieden gibt, ist es kaum möglich, mehr als S 80,– (DM 12,–) für einen Besuch in Oberlaa auszugeben.
In diesem Zusammenhang möchte ich auf eine Eigenheit der Wiener Eßkultur eingehen: Der Wiener ist ein Käsemuffel. Soweit er nicht längere Zeit in Käseländern wie der Schweiz, Frankreich oder Italien verbracht hat, zieht er die warme Wiener »Mehlspeis« jedem Käse vor. Wie Sie bemerkt haben werden, habe ich auch bei der Aufzählung der Abendmenüs den Käse bewußt ausgelassen. Er wird Ihnen zwar selbstverständlich in allen Betrieben der *NWK* angeboten – und das »Steirereck« hat auf einem zweistöckigen Wagerl sogar die größte Käseauswahl in Wien, fast ausschließlich ausländische Käse – aber da es keiner Kochkünste zur Zusammenstellung einer Käseplatte bedarf, habe ich sie gar nicht erwähnt. Zum vollständigen Abendmenü gehören sie natürlich trotzdem.
Karl Schuhmacher hat sich auch als hervorragender Lehrer einen Namen gemacht. Sein berühmtester Schüler, Walter Glocker, ist in ganz Europa bekannt. Zahlreiche Patissiers aus vielen Ländern, auch die Chefpatissiers einer Reihe europäischer und internationaler Hotelketten, haben bei ihm wochenlang praktiziert.

Kurcafé-Konditorei Wien-Oberlaa

1100 Wien, Kurbadstraße 10. Geöffnet täglich außer Montag von 9–19 Uhr, keine Betriebsferien. Besitzer: Kurbetrieb Heilquelle Oberlaa Ges.m.b.H., Direktor: Senatsrat Ing. Alfred Auer; Geschäftsführer und Backstubenleiter: Karl Schuhmacher. Fassungsraum: 180 Plätze in der Konditorei plus 70 Plätze auf zwei Terrassen.

Im folgenden werden – außer drei Teiggrundrezepten – 28 Rezepte der verschiedensten Patisserieerzeugnisse (ohne Konfekt), und zwar für Torten, warme Süßspeisen, Schnitten, Parfaits und Cremes, Kaffeegebäck und diverse Desserts gegeben.
Die Backzeit für die Grundteige sind bei den einzelnen Rezepten nicht angegeben – Sie finden sie auf Seite 168.

Getränkeempfehlungen:

Für Desserts auf Karamelbasis:
Wachauer **Neuburger halbsüß**
Jahrgang 1982, Ried Burggarten, Weingut Nikolaihof, Nikolaus Saass, Mautern.

Für die übrigen Desserts:
Mounier-Royal-**Sekt brut oder halbsüß (Champagnermethode)**
P. M. Mounier & Co., Ungargasse 20, A-1031 Wien

Grundteige, die in den angeführten Rezepten wiederholt vorkommen

Mürbteig

Je nach Bedarf:
1 Teil Staubzucker
2 Teile Butter
3 Teile Mehl
je Kilogramm Mehl rechnet man 2 Eier
gewürzt wird mit Vanillezucker, Zitronenschale und Salz

Beispielsweise:
100 g Zucker
200 g Butter
300 g Mehl
2 Dotter oder 1 Ei
abgeriebene Zitronenschale

Alle Zutaten kurz zusammenkneten und im Kühlschrank bis zur guten Modellierbarkeit fest werden lassen. Backtemperatur 180° C; Backzeit: 15–30 Minuten, je nach Größe.

Biskuitmasse

Je nach Bedarf:
5 Eier
150 g Zucker
80 g Mehl
80 g Maispuder (Maizena)
70 g Butterschmalz
½ Päckchen Vanillezucker
Schale von ½ Zitrone
1 Prise Salz

Eier mit Zucker, Vanille, Zitronenschale und Salz kalt aufschlagen. Mehl mit Maispuder versiebt einmelieren, das heiße Butterschmalz zugeben. Die Masse reicht für eine Torte – ∅ = 23 cm.
Backtemperatur etwa 190° C; Backzeit ungefähr 40 Minuten.

Butterteig (Blätterteig)

Je nach Bedarf: Vorteig:
500 g Mehl
60 g Rum
5 g Salz
etwa 200 g Wasser

Butterziegel:
500 g Butter
50 g Mehl

Vorteig: Alle Zutaten zu festem, gut abgearbeiteten Vorteig verarbeiten. Zu einer Kugel schleifen, kreuzweise einschneiden und im Kühlschrank ½ Stunde rasten lassen.

Butterziegel: Butter und Mehl kurz durchkneten; in Ziegelform im Kühlschrank einige Stunden kühlen.

Nach der Rastzeit des Vorteiges diesen vierlappig ausrollen, so daß das Teigstück in der Mitte dicker bleibt; den Butterziegel auflegen, die vier Teiglappen fest darüberspannen. Vorsichtig mit dem Nudelwalker, von der Mitte ausgehend, die Butter im Teigstück zum Rand hinklopfen und das Teigstück fingerdick ausrollen. Das Mehl (vom Bestäuben) abkehren und den Teig in drei Teile übereinander legen – einfache Tour.
Nochmals auf dem bemehlten Nudelbrett ausrollen, abkehren und in vier Teilen übereinander legen – doppelte Tour. Mit Plastikfolie bedeckt im Kühlschrank mindestens ½ Stunde rasten lassen. Nach der Rastzeit die einfache und die doppelte Tour wiederholen (das ergibt 144 Teigschichten). Nach einer weiteren, mit Plastikfolie bedeckten Rastzeit – jedoch am besten am folgenden Tag – kann aufgearbeitet werden.
Butterteig wird bei geschlossenem Rohr und möglichst flott gebacken. Es ist zu beachten, daß die einzelnen Gebäckstücke gut und rasch durchgebacken werden. Der Teig an sich ist geschmacklich neutral und schmeckt, zu schwach gebacken, fade. Erst durch das richtige Ausbacken bekommt Butterteig den typischen Röstgeschmack. Backtemperatur

220° C; sobald der Teig Farbe angenommen hat, auf 190° C zurückdrehen. Butterteiggebäck soll immer so frisch wie möglich gegessen werden.

KURCAFÉ-KONDITOREI WIEN-OBERLAA

Torten

Malakofftorte

1 Torte ∅ = 23 cm, 16 Portionen

Biskuitmasse von 2 Eiern
(s. S. 168)
Biskottenmasse:
80 g Dotter
20 g Zucker
½ Päckchen Vanillezucker

120 g Eiklar
60 g Zucker

110 g glattes Mehl

Bavaroise:
100 g Milch
20 g Zucker
10 g Gelatine
20 g Dotter
½ Päckchen Vanillezucker
1 Prise Salz
20 g Cointreau
30 g Eier
20 g Zucker
250 g geschlagenes Obers

Biskuitmasse im Tortenreifen backen.
Biskottenmasse: Dotter mit Zucker und Vanillezucker schaumig rühren. Eiklar mit Zucker zu Schnee schlagen. Beide Massen mischen und das Mehl einmelieren. Auf Papier mit glatter Tülle Biskotten dressieren, mit Puderzucker besieben und bei 200° C und eingehängtem Rohr (also ohne Dunst) etwa 20 Minuten backen. Erkaltet mit dünnem Messer vom Papier lösen.
Bavaroise: Milch, Zucker, die eingeweichte, ausgedrückte Gelatine, Dotter, Vanillezucker, Salz im Wasserbad abziehen, bis die Creme leicht gebunden ist. Kaltschlagen – und wenn die Masse im Stocken begriffen ist, den Cointreaulikör

zugeben. Schnee von Eiklar und Zucker bereiten; Schlagobers schlagen; alle drei Massen locker melieren.
Den vorbereiteten Biskuitboden aus dem Reifen schneiden, diesen jedoch wieder herumstellen. Das Biskuit mit Cointreaulikör befeuchten, etwas Creme auftragen, Biskotten ringförmig und dicht einlegen, Creme darüber verteilen, nochmals Biskotten einlegen und mit der restlichen Creme obenauf verstreichen. Gut durchkühlen.

Präsentation: Aus dem Reifen nehmen, mit Obers einstreichen, portionieren, mit Obers und je ½ Biskotte garnieren.

Zubereitungszeit: 1 Stunde, 40 Minuten.

Schwierigkeitsgrad: Relativ einfach.

Papagenotorte

(Abb. S. 193)

1 Torte ∅ = 23 cm, 10 Portionen

Masse:
180 g Rohmarzipan
25 g Wasser
100 g Dotter
Salz
120 g Eiklar
100 g Zucker
25 g Maizena
65 g glattes Mehl
30 g Butterschmalz
150 g Kompottmandarinenspalten
Zitrone
Vanille

Japonaisemasse:
60 g Eiklar
50 g Zucker
50 g geriebene Mandeln
Tränke:
90 g Wasser
150 g Cointreaulikör
Schokoladeoberscreme:
300 g Schlagobers
90 g Tunkmasse
Buttercreme:
30 g Butter
10 g Puderzucker
20 g Konditorcreme (s. S. 208)
250 g Schlagobers zum Einstreichen
Milchschokoladespäne

Masse: Rohmarzipan mit Wasser glattarbeiten und mit Dotter und Geschmack schaumig rühren. Eiklar und Zucker zu Schnee schlagen, beide Massen mischen, Mehl mit Maizena versiebt und zum Schluß das heiße Butterschmalz und die Kompottmandarinenspalten einmelieren. Masse bei 170° C im Tortenreifen etwa 50 Minuten backen.
Japonaisemasse: Eiklar mit Zucker zu Schnee schlagen, die geriebenen Mandeln einmelieren, auf gefettetes, bestaubtes Backblech in Tortengröße aufstreichen und bei etwa 190° C rund 12 Minuten backen.
Buttercreme: Butter mit Puderzucker und – wenn vorhanden – mit Konditorcreme (Vanillepudding) schaumig rühren.
Tränke: Likör und Wasser verrühren.
Schokoladeoberscreme: Schlagobers aufkochen, Tunkmasse darinnen auflösen, 24 Stunden im Kühlschrank reifen lassen und wie Schlagobers aufschlagen.

Zusammenstellung: Japonaiseboden mit der Buttercreme bestreichen, Tortenmasse daraufgeben, die Tränke mittels Pinsel oder Eßlöffel nach und nach in die Tortenmasse bringen. Schokoladeoberscreme dünn auf Seite und Oberfläche der Torte aufstreichen. Kühlen.

Präsentation: Vor dem Anrichten geschlagenes Obers leicht kuppelförmig aufstreichen und die Torte ganz mit Milchschokoladespänen bestreuen.

Zubereitungszeit: Knapp 2 Stunden.

Schwierigkeitsgrad: Ziemlich einfach.

Gutenbergtorte

(Abb. S. 193)

1 Torte Ø = 23 cm, 16 Portionen

Sachermasse:
120 g Butter
40 g Puderzucker
120 g Schokoladentunkmasse oder Bitterschokolade
120 g Dotter
170 g Eiklar
160 g Kristallzucker
120 g glattes Mehl
1 Prise Salz
Vanille

Creme:
80 g Dotter
10 g Zucker
12 g Gelatine
50 g Schokoladentunkmasse
50 g Milchtunkmasse
80 g Grand Marnier
20 g Eiklar
25 g Zucker
270 g geschlagenes Obers
250 g Kompottbirnen

Dekor:
Krokantbrösel
geröstete Hobelmandeln
Schokoladenröllchen oder gelierte Orangenscheiben

Sachermasse: Die temperierte Butter, Puderzucker, Salz, Vanille und die aufgelöste, jedoch kühle (etwa 32° C) Tunkmasse schaumig rühren. Dotter nach und nach zugeben. Eiklar mit Kristallzucker zu Schnee schlagen, beide Massen mischen und das Mehl darunterrühren. Sachermasse bei 190° C etwa 1 Stunde im Rohr backen; auf einem mit Kristallzucker bestreuten Papier umdrehen und auskühlen lassen.

Creme: Dotter mit Zucker schaumig rühren, die eingeweichte, ausgedrückte, im warmen Wasserbad aufgelöste Gelatine zugeben. Die aufgelöste Milch- bzw. Schokoladentunkmasse mit dem Grand Marnier glattrühren. Eiklar mit Zucker zu Schnee schlagen. Schokoladen-Grand-Marnier-Mischung in die Eiermasse einrühren und diese dann mit Schnee und geschlagenem Obers locker melieren.

Ein Drittel dieser gebackenen Torte in einen Tortenreifen einlegen (die restlichen zwei Drittel eignen sich – in Folie verpackt – bestens zum Tieffrieren zum nächsten Anlaß) und mit Grand Marnier befeuchten.

Die Hälfte der Creme auf den im Reifen vorbereiteten Sacherboden geben. Die abgetropften Kompottbirnen in Spalten ringförmig anordnen, Rand und Mitte freihalten; so läßt sich die Torte später leichter portionieren. Die restliche Creme auftragen und kühlen.

Präsentation: Bei Bedarf Torte aus dem Reifen nehmen, ganz mit Obers einstreichen, locker einige Krokantbrösel oder geröstete Hobelmandeln aufstreuen, einteilen, Oberstupfen aufdressieren und mit Schokoladenröllchen oder auch gelierten halben Orangenscheiben fertigdekorieren.

Zubereitungszeit: Etwa 3 Stunden.

Schwierigkeitsgrad: Eher kompliziert.

Schwarze Ribiseltorte

1 Torte ∅ = 23 cm, 16 Portionen

Biskuitmasse von 3 Eiern
(s. S. 168)
Cassiscreme:
180 g schwarze Ribiseln
70 g Zucker
10 g Gelatine
110 g Joghurt
70 g Crème de Cassis
300 g geschlagenes Obers

Zum Garnieren:
kleine Trauben schwarzer Ribiseln
2 grüne Feigen oder gehobelte, geröstete Mandeln oder Krokantbrösel

Biskuitmasse im Tortenreifen backen.
Cassiscreme: Gerebelte Ribiseln mit Zucker einmal kurz aufkochen lassen (die Früchte nicht zerrühren!). Abseihen und im heißen Saft die eingeweichte, ausgedrückte Gelatine auflösen. Auskühlen lassen, Joghurt und Crème de Cassis zugeben. Sobald diese Grundmasse abzubinden beginnt, mit den abgeseihten Ribiseln in das geschlagene Obers einmelieren.

Den Biskuitboden aus dem Reifen nehmen und einmal durchschneiden. Eine Hälfte in den gereinigten Tortenreifen wieder einlegen. Das Biskuit mit Crème de Cassis befeuchten, die Creme einstreichen und mit der zweiten Tortenhälfte abdecken, diese wiederum mit Crème de Cassis stark tränken und die Torte einige Stunden gut durchkühlen.

Präsentation: Torte aus dem Reifen nehmen und mit leicht gezuckertem, geschlagenem Obers ganz einstreichen.
Locker mit gehobelten, gerösteten Mandeln oder Krokantbröseln einstreuen und portionieren.
Jedes Stück mit einer kleinen Feige oder einer kleinen Traube Ribiseln garnieren.

Zubereitungszeit: 1½ Stunden.

Schwierigkeitsgrad: Ziemlich einfach.

Himbeeroberstorte

1 Torte ∅ = 23 cm, 16 Portionen

Biskuitmasse (s. S. 168)
Himbeergeisttränke:
30 g Himbeergeist
15 g Zucker
15 g Wasser
Schokoladenobers:
100 g Milch
40 g Dotter
20 g Zucker
4 g Gelatine
50 g Bitterschokolade
250 g geschlagenes Obers
Himbeerobers:
85 g passierte Himbeeren
50 g ganze Himbeeren
60 g Zucker
6 g Gelatine
Saft ½ Zitrone
200 g geschlagenes Obers
Zum Garnieren:
halbierte Pistazien
und Himbeeren

Biskuitmasse im Tortenreifen backen.
Gebackenes Biskuitblatt 1 cm hoch in Tortenreifen einlegen.
Himbeergeisttränke: Alle Zutaten durchrühren, das Biskuit damit befeuchten.

Schokoladenobers: Milch, Dotter, Zucker und die eingeweichte, ausgedrückte Gelatine im Wasserbad bis zu schwacher Bindung aufschlagen. Die Bitterschokolade zugeben, kaltschlagen, knapp vor dem Stocken in das geschlagene Obers einmelieren. Die Creme über dem Biskuit glatt verstreichen. Kühlen.
Himbeerobers: Die passierten Himbeeren, Zucker, die eingeweichte, ausgedrückte, aufgelöste Gelatine und den Zitronensaft verrühren. Wenn diese Grundcreme zu stocken beginnt, mit den ganzen Himbeeren in das geschlagene Obers einmelieren. Über der Schokoladenoberscreme den Tortenreifen damit auffüllen. Kühlen.
Bei Bedarf Torte aus dem Reifen nehmen, ganz mit leicht gesüßtem Obers einstreichen.

Präsentation: In die Mitte einige Schokoladenspäne streuen. Einteilen und jedes Stück mit drei Himbeeren und einer halben Pistazie fertiggarnieren.

Zubereitungszeit: 95 Minuten.

Schwierigkeitsgrad: Ziemlich einfach.

Karameloberstorte

1 Torte ∅ = 23 cm, 16 Portionen

Biskuitmasse aus 3 Eiern
(s. S. 168)
Karamelmasse:
(ist Monate im Kühlschrank haltbar und reicht für einige Torten)
1 l Obers
300 g Kristallzucker
200 g Glukosesirup

Karameloberscreme:
6 g Gelatine
60 g Karamelmasse
40 g Eierlikör
100 g Konditorcreme
(s. S. 208)
300 g geschlagenes Obers
1 kleine Prise Salz
200 g geschlagenes Obers zum Garnieren

Gefüllte Birne auf Topfencreme mit Erdbeermark ▷
(Rezept S. 62)

Karamelmasse: Obers, Zucker und Sirup, zusammen vermischt, nicht zu rasch unter Rühren zu heller, karamelfarbener Masse kochen. Dickwandiges Geschirr verwenden! – die Masse brennt leicht an. Konsistenzprobe: Einen Tropfen der Masse auf kalten Porzellanteller geben – er muß leicht formbar sein. Mixen. Die Masse darf im kalten Zustand gerade noch verlaufen, darf also nicht zu fest sein.
Karameloberscreme: Die eingeweichte, ausgedrückte, im Wasserbad aufgelöste Gelatine mit dem Eierlikör, der Karamelmasse und der passierten Konditorcreme (Vanillepudding) sowie dem Salz verrühren. In das geschlagene Obers einmelieren.
Den Biskuitboden waagerecht in die Hälfte teilen. Unterteil in den Reifen einlegen, Creme einstreichen, Biskuitoberteil auflegen. Kühlen.

Präsentation: Aus dem Reifen nehmen, ganz mit Obers einstreichen, einteilen, mit glatter Tülle (∅ = 5 mm) die Tortenstücke blütenartig umrahmen und mit Karamelmasse, die man ganz leicht temperieren sollte, damit sie nicht zu fest ist (notfalls auch mit wenig Obers verdünnen) – den blütenartigen Obersdekor auslassen.

Zubereitungszeit: 60–70 Minuten.

Schwierigkeitsgrad: Recht kompliziert.

◁ *Oben: Nußsoufflé-Krapferl mit Nougat- und Schokoladensauce (Rezept S. 202)*
Unten: Karamelcreme (Rezept S. 196)

Erdbeerjoghurttorte

1 Torte Ø = 23 cm, 16 Portionen

Biskuitmasse von 2 Eiern (s. S. 168)
Erdbeerjoghurtcreme:
120 g Erdbeeren
3/8 l Joghurt
100 g Zucker
36 g Zitronensaft
20 g Gelatine
250 g geschlagenes Obers
300 g Erdbeeren
Zum Garnieren:
1/2 Päckchen Fruchttortengelee
50 g gehobelte, geröstete Mandeln

Erdbeerjoghurtcreme: Gewaschene Erdbeeren putzen, mixen, mit Joghurt, Zucker und Zitronensaft verrühren. Die eingeweichte, ausgedrückte Gelatine zugeben und diese Grundcreme in das geschlagene Obers einmelieren.
Eine glattflächige Unterlage mit Klarsichtfolie belegen, Tortenreifen daraufstellen, halbe Erdbeeren mit der Schnittseite nach unten dicht einlegen; die Joghurtcreme einfüllen und mit der Biskuitmasse abdecken. Kühlen.

Präsentation: Bei Bedarf die Torte umdrehen und aus dem Reifen nehmen. An der Oberseite mit dem halben Päckchen Tortenguß abglänzen und den unteren Rand mit gehobelten, gerösteten Mandeln einstreuen.

Schwierigkeitsgrad: Recht einfach.

Weichselsouffletorte

1 Torte ∅ = 23 cm, 14 Portionen

Mürbteig von etwa 200 g
(s. S. 168)
Abgezogene Weichseln:
400 g entkernte Weichseln
100 g Zucker
60 g Wasser
35 g Vanillepuddingpulver
Soufflémasse:
170 g Milch
170 g Obers
15 g Zucker
35 g Vanillepuddingpulver
2 Dotter
110 g Eiklar
75 g Zucker
Biskuitmasse von 2 Eiern
(s. S. 168)
5 g eingeweichte, abgetropfte Rosinen
5 g gehobelte, geröstete Mandeln
heiße Marillenmarmelade

Abgezogene Weichseln: Entkernte Weichseln, Wasser und Zucker etwa 3 Minuten langsam kochen. Die Weichseln abseihen und den Kompottsaft mit Vanillepuddingpulver aufkochen. Die Weichseln zugeben und nochmals aufkochen.
Mürbteig 3 mm stark ausrollen, mit Tortenreifen ausstechen, mit einer Gabel stupfen und backen. Mit Marillenmarmelade bestreichen, den Tortenreifen herumstellen. Biskuitblatt von zwei Eiern auf den bestrichenen Mürbteigboden geben und die abgezogenen, überkühlten Weichseln darüber verteilen.
Soufflémasse: Dotter und Puddingpulver mit etwas Milch anrühren. Restliche Milch, Obers und Zucker aufkochen. Dotter/Pulvermischung zugeben und gut durchkochen. Sofort in den Schnee von Eiklar und Zucker einrühren.
Die Soufflémasse nach dem Zusammenrühren sofort und sehr vorsichtig darüber geben. Kurz überkühlen lassen und dann bei etwa 300° C Oberhitze abflämmen. Gut durchkühlen.

Präsentation: Die Oberfläche mit heißer Marillenmarmelade dünn bestreichen, einige in Rum eingeweichte, abgetropfte

Rosinen darauf streuen. Aus dem Reifen schneiden, den unteren Rand mit gehobelten, gerösteten Mandeln einstreuen.

Zubereitungszeit: 1 Stunde, 30–40 Minuten.

Schwierigkeitsgrad: Ziemlich einfach.

Maronioberstorte

1 Torte ∅ = 23 cm, 14 Portionen

Mürbteig von 200 g
(s. S. 168)
Schokoladenmasse:
2 Eier
40 g Zucker
20 g Mehl
30 g Weizenpuder
10 g Kakao
25 g Butterschmalz
Vanille
Salz
Maronioberscreme:
150 g Maronimasse
20 g Staubzucker
15 g Rum
10 g Gelatine
350 g Schlagobers
Milchschokoladenoberscreme:
210 g Obers
90 g Milchschokolade
Maronimasse:
etwa 900 g Maroni für
500 g Maronimark
150 g Puderzucker
Vanillezucker
1 Schuß Rum
Ribiselmarmelade
etwas Cherry Brandy
Cognacweichseln

Schokoladenmasse: Eier mit Zucker, Vanille und Salz warm und kalt schlagen. Mehl, Weizenpuder und Kakao, zusammen versiebt, einmelieren. Das heiße Butterschmalz einrühren.
Milchschokoladenoberscreme: Obers aufkochen, Milchschokolade darin auflösen, kühlen.
Maronimasse: Maroni mit Wasser bedeckt weichkochen. Aufschneiden, das Fruchtmark durch Umstülpen der beiden Hälften herausnehmen, darauf achten, daß die dünne, brau-

ne Innenhaut nicht mitgeht. Das Fruchtmark passieren und 500 g davon mit dem Puderzucker, dem Vanillezucker und etwas Rum zu einer plastischen Masse verkneten. Nicht den ganzen Zucker auf einmal einarbeiten! Der Zucker regelt die Konsistenz. Zuviel Zucker macht die Masse weich, pappig und zu süß. Daher nur soviel einarbeiten, daß die Masse zusammenhält. Die Maronimasse ist bestens zum Tiefkühlen geeignet und schmeckt vorzüglich als schnelles Dessert in Form von Maronireis (durch ein Reibeisen gedrückt) mit Schlagobers.
Mürbteig etwa 3 mm stark ausrollen, runden Boden ausstechen, bei 160° C hell backen. Mit Ribiselmarmelade bestreichen und mit Tortenreifen umstellen. Schokoladenmasse in Tortengröße auf Papier streichen und bei etwa 180° C backen, auf den Mürbteigboden auflegen, mit etwas Cherry Brandy befeuchten. Die Milchschokoladenoberscreme wie Schlagobers aufschlagen – Vorsicht, wird schnell fest! – und einstreichen. Großteil der Maronimasse mit der aufgelösten Gelatine, Staubzucker und Rum verrühren. Das geschlagene Obers einmelieren, in den Reifen über die Michschokoladenoberscreme einstreichen. Die Torte im Kühlschrank einige Stunden durchkühlen. (Sie eigent sich sehr gut zum Einfrieren.)

Präsentation: Vor dem Anrichten Torte aus dem Reifen nehmen, mit geschlagenem, leicht gesüßtem Obers einstreichen. Rest der Maronimasse mit der Vermicellepresse (oder Kartoffelpresse) auftragen. Mit Obers-Tupfen und Cognacweichseln fertiggarnieren.

Zubereitungszeit: 2¾–3 Stunden.

Schwierigkeitsgrad: Kompliziert.

Warme Süßspeisen

Nußpalatschinken mit Weinschaumsauce und heißen Weichseln

Für 6 Personen:

Palatschinkenteig:
150 g glattes Mehl
250 g Milch
15 g Zucker
50 g Öl
3 Eier
1 g Salz
Nußfarce:
120 g Milch
100 g Zucker
1 Päckchen Vanillezucker
250 g geriebene Walnüsse
30 g Rum

Heiße Weichseln:
400 g entsteinte Weichseln
200 g Zucker
10 EL Wasser
Weinschaumsauce:
170 g trockener Weißwein
50 g Zucker
10 g Zitronensaft
120 g Dotter
40 g Grand Marnier
60 g geriebene Walnüsse

Nußfarce: Milch, Zucker und Vanillezucker aufkochen, Walnüsse zugeben und in die überkühlte Masse den Rum einrühren.
Palatschinkenteig: Alle Zutaten gut verrühren, durchpassieren und 12 dünne Crêpes backen.
Heiße Weichseln: Den Zucker mit den Weichseln 3 Minuten kurz aufkochen, so daß die Früchte ganz bleiben.
Weinschaumsauce: Alle Zutaten im Wasserbad zu molliger, schaumiger Konsistenz aufschlagen. Die Dotter müssen etwas abbinden, sonst setzt sich die Creme ab.
Die Crêpes mit der Nußfarce bestreichen, je 20 g grob ge-

riebene Walnüsse aufstreuen und zu Dreiecken zusammenklappen.

Präsentation: Je 2 Crêpes leicht überlappend auf die Teller legen, mit der Weinschaumsauce nappieren und rechts und links die heißen Weichseln anrichten.

Zubereitungszeit: 1 Stunde, 15–20 Minuten.

Schwierigkeitsgrad: Einfach.

Warmer Topfenpudding mit Erdbeersauce oder heißem Rotwein

Für 10 Personen:

Topfenmasse:
250 g 10%iger Topfen
200 g Sauerrahm
80 g Milch
12 g Zucker
20 g Maizena
20 g Trockenvollmilch
2 Dotter
1 Päckchen Vanillezucker
Zitronenschale
1 Prise Salz

Erdbeersauce:
3 Eiklar
60 g Zucker
300 g Erdbeeren
100 g Zucker oder
Rotweinsauce:
½ l Rotwein
75 g Zucker
Butter zum Ausstreichen,
Staubzucker zum Ausstäuben der Formen

Topfenmasse: Alle Zutaten außer Eiklar und 60 g Zucker glattrühren. Eiweiß mit dem Zucker zu Schnee schlagen und die relativ flüssige Topfenmasse mit der Schneerute sorgfältig in den Schnee einmelieren. Eine entsprechend große Puddingform oder aber Portionsförmchen mit Butter ausstreichen und mit Staubzucker ausstauben. Die Masse bis etwa einen Finger breit unter dem Rand einfüllen.

Erdbeersauce: Erdbeeren und Zucker im Mixer pürieren.
Heißer Rotwein: Rotwein und Zucker sanft erhitzen, ohne es zum Kochen kommen zu lassen.
Den Pudding im Wasserbad – die zugedeckten Formen sollen nur bis zu einem Drittel im Wasser stehen – gar werden lassen. Das Wasser darf dabei nur leicht wallen, und der Pudding darf nicht über den Rand der Form aufgehen. Das Aufgehen des Puddings regelt man mit dem Deckel. Je weiter er geschlossen ist, desto höher wird der Pudding. Läßt man einen größeren Spalt, treibt die Masse nicht so stark. Die Kochzeit ist je nach Formengröße etwa 20 Minuten bei Portionsformen und bis zu einer Stunde bei einer 1½-l-Form.

Präsentation: Den fertigen Pudding (bzw. die kleinen Puddings) auf Dessertteller oder Platte stürzen und sofort servieren. Beim Auskühlen zieht sich der Pudding immer mehr zusammen. Als Beilage die Erdbeersauce oder den heißen, gezuckerten Rotwein servieren.

Zubereitungszeit: 45–50 Minuten ohne Garzeit.

Schwierigkeitsgrad: Recht einfach.

Topfennockerln mit Preiselbeersauce

4 Portionen (8 Nockerln)

Nockerlmasse:
250 g 20%iger Topfen
60 g Sauerrahm
40 g griffiges Mehl
1 Ei
1 Prise Salz

Preiselbeersauce:
150 g Preiselbeeren
75 g Staubzucker
30 g heiße, klare Butter
Vanillezucker

Nockerlmasse: Alle Zutaten durchrühren und für etwa eine Stunde in den Kühlschrank stellen. Mit nassem Eßlöffel in leicht gesalzenes, kochendes Wasser Nockerln einlegen, kurz aufwallen und etwa 8 Minuten ziehen lassen.
Preiselbeersauce: Preiselbeeren mit Staubzucker in der Rührmaschine oder mit dem Handmixer 10 Minuten langsam rühren.

Präsentation: Die fertiggekochten Nockerln aus dem Wasser nehmen, abtropfen, mit der heißen Butter übergießen, mit Vanillezucker bestreuen und je 2 Stück mit Preiselbeersauce anrichten.

Schwierigkeitsgrad: Sehr einfach.

Wachauer Marillenstrudel

8 Portionen:

Strudelteig:
200 g glattes Mehl
20 g Erdnußöl
2 g Salz
etwa 3/8 l Wasser
Marillensauce:
200 g Marillenmark
80 g Zucker
20 g Marillenlikör
Topfenmasse:
250 g 10%iger Topfen
70 g Butter
20 g Zucker
geriebene Schale von 1/3 Zitrone
1 Päckchen Vanillezucker
1 Prise Salz
3 Dotter
80 g Sauerrahm
30 g glattes Mehl
3 Eiklar
50 g Zucker
200 g Marillenspalten

Die Zutaten für den Strudelteig gut abarbeiten und das Teigstück zum Laibchen geformt auf bemehltem Brett mit Öl bestreichen und etwa eine halbe Stunde rasten lassen. Auf einem bemehlten Tuch ausziehen, zwei Drittel der Teigfläche mit flüssiger Butter bestreichen. Auf dem freigebliebenen Teil die folgende Topfenmasse aufstreichen.

Topfenmasse: Die temperierte Butter mit Topfen, Zucker und Gewürzen schaumig rühren. Dotter nach und nach zugeben, den Sauerrahm und das Mehl einrühren. Eiklar mit Zucker zu Schnee schlagen, in die Topfenmasse einmelieren, die Marillenspalten darüberstreuen und zum Strudel einrollen.
Eingerollten Strudel in gebutterte Pfanne legen und unter mehrmaligem Bestreichen mit flüssiger Butter etwa 1 Stunde bei 160° C backen.
Marillensauce: Blanchierte Marillen passieren und mit Zukker und Likör kurz mixen.

Präsentation: Fertigen Strudel leicht überzuckern, in Portionen schneiden und mit Marillensauce anrichten.

Zubereitungszeit: Etwa 2 Stunden, 10 Minuten.

Schwierigkeitsgrad: Einfach.

Mohr im Hemd mit weißer und dunkler Schokoladensauce

(Abb. S. 192)

8 Portionen:

Puddingmasse:
80 g Butter
5 g Puderzucker
80 g Kuvertüreschokolade
½ Päckchen Vanillezucker
1 Prise Salz
100 g Dotter
90 g geriebene Mandeln
150 g Eiklar
35 g Kristallzucker

Weiße und dunkle Schokoladensauce:
200 g weiße oder dunkle Kuvertüre
50 g Crème de Cacao (Likör)
200 g Obers
Butter und Puderzucker zum Formenauskleiden
300 g geschlagenes Obers zum Garnieren

Puddingmasse: Butter mit Puderzucker, aufgelöster, aber nicht warmer Schokolade, Vanille und Salz schaumig rühren, Dotter nach und nach zugeben, Mandeln einrühren. Eiklar mit Zucker zu Schnee schlagen und einmelieren.
Puddingmasse in gebutterte, mit Puderzucker ausgestaubte Portionsförmchen bis fingerhoch vom Rand einfüllen. Im Wasserbad (das Wasser soll ungefähr bis zur halben Formenhöhe reichen) etwa 30 Minuten zugedeckt langsam köcheln lassen. Die Masse soll nicht mehr als höchstens 1 cm über den Rand aufgehen, um ein starkes Zusammenfallen nach dem Stürzen zu vermeiden. Durch genaues Abdecken der Puddingform oder durch Öffnung eines mehr oder weniger großen Spalts kann man das Volumen dieser Puddingmasse genau regeln.
Weiße Schokoladensauce: Weiße Kuvertüre erwärmen, mit Likör und Obers verrühren.

Präsentation: Kleine Puddings auf warme Dessertteller stürzen, mit der weißen Schokoladensauce nappieren und mit leicht gesüßtem, geschlagenem Obers garnieren.

Zubereitungszeit: 70–75 Minuten.

Schwierigkeitsgrad: Einfach.

Altwiener Kipfelkoch

5 Portionen:

Kipfelkochmasse:
5 Kipferln
1/16 l Obers
3/8 l Milch
1 Ei
2 Dotter
10 g Vanillezucker
10 g Zucker
1/2 Zitrone (abgeriebene Schale)
1 Prise Salz
40 g Butter

Apfelfülle:
200 g Apfelspalten
30 g Zucker
20 g Rosinen
1 Stange Zimt

Schaummasse:
2 Eiklar
60 g Zucker

Himbeersauce:
100 g Himbeeren
15 g Himbeergeist
50 g Zucker

Apfelfülle: Die Apfelspalten mit Zucker, Rosinen und Zimt leicht andünsten.
Kipfelkochmasse: Die Kipfel blättrig schneiden, Obers, Milch, Ei und Dotter, Vanillezucker, Zucker, geriebene Zitronenschale und Salz gut verschlagen über die geschnittenen Kipfel geben. Einige Minuten stehen lassen und während dieser Zeit die Masse zwei- bis dreimal vorsichtig umrühren. Dabei vermeiden, daß die Kipferln zerrührt werden. Auflaufschüssel buttern, die Hälfte der Masse locker hineingeben (nicht fest drücken!). Die gedünsteten Äpfel darüber verteilen und mit der restlichen Kipfelkochmasse auffüllen. Die schaumig gerührte Butter mittels Dressiersack oder Papierstanitzel in kleinen Tupfen obenauf verteilen.
Zwei Drittel der Backzeit das Kipfelkoch mit Alufolie zugedeckt, das letzte Drittel abgedeckt backen. Durch das Abdekken souffliert die Masse schöner und wird besonders leicht. Zum Überkrusten genügt das letzte Drittel. Schaummasse über das Kipfelkoch streichen, eventuell einige gehobelte Mandeln aufstreuen und bei etwa 300° C Oberhitze Farbe an-

nehmen lassen. (Backtemperatur für das Kipfelkoch 160° C, Backzeit etwa 40 Minuten.)
Schaummasse: Eiklar schlagen, nach und nach Zucker zugeben, gut ausschlagen.
Himbeersauce: Himbeeren passieren und mit Zucker und Himbeergeist mixen.

Präsentation: Das Kipfelkoch portionieren und mit der Himbeersauce anrichten.

Zubereitungszeit: 70–75 Minuten.

Schwierigkeitsgrad: Recht einfach.

Schnitten

Erdbeerschaumschnitten

10 Portionen:

etwa 150 g Mürbteig
(s. S. 168)
Biskuitteig von 2 Eiern
(s. S. 168)
Schaummasse:
2 Eiklar
120 g Zucker

70 g Konditorcreme
(s. S. 208)
Erdbeermarmelade
Grand Marnier
250 g entstielte, gewaschene Erdbeeren
gehobelte Mandeln

Schaummasse: Eiklar mit Zucker im Wasserbad, zuerst warm und dann kalt, gut ausschlagen.
Mürbteig in der Größe 35 × 10 cm × 3 mm ausrollen und backen, mit Erdbeermarmelade bestreichen. Biskuitblatt gleicher Größe, 1 cm dick, auflegen. Gut mit Grand Marnier befeuchten.

Konditorcreme (ersatzweise Vanillepudding) über den doppelten Boden streichen, dicht mit gewaschenen, entstielten halben Erdbeeren belegen. Obenauf die Früchte mit Schaummasse glatt verstreichen und die restliche Schaummasse mit großer Sterntülle der Länge nach darüberdressieren. Einige gehobelte Mandeln aufstreuen und bei 300° C Oberhitze kurz abflämmen.

Präsentation: Ausgekühlt in 2 × 5 Teile schneiden.

Zubereitungszeit: 45–50 Minuten.

Schwierigkeitsgrad: Sehr einfach.

Kardinalschnitten

8 Portionen:

Erste Masse:
120 g Eiklar
90 g Zucker
Zweite Masse:
1 Ei
2 Dotter
30 g Zucker
½ Päckchen Vanillezucker
30 g glattes Mehl

Kaffeeoberscreme:
250 g geschlagenes Obers
6 g Gelatine
10 g Puderzucker
etwas Instantkaffee

Erste Masse: Eiklar mit Zucker zu Schnee schlagen. Auf einem Backblech und zwei Blatt Pergamentpapier (15 × 25 cm) je drei Streifen Schaummasse mit glatter Lochtülle (∅ = 25 mm) im Abstand von 1 cm über die ganze Länge aufdressieren.
Zweite Masse: Ei, Dotter, Zucker und Vanillezucker aufschlagen, das Mehl einmelieren und diese Masse in zwei Streifen innerhalb der jeweils drei Streifen Schaummasse eindressieren und mit Puderzucker bestäuben.

Kaffeeoberscreme: Kaffee in ⅛ l Wasser aufkochen und ziehen lassen. Abseihen, die eingeweichte, ausgedrückte Gelatine darin auflösen. Obers mit Zucker aufschlagen, Kaffee mit Gelatine in dünnem Strahl vorsichtig einrühren.
Beide Massen bei 160° C etwa 35 Minuten backen; auskühlen lassen, umdrehen, das Papier abziehen, einen Teigstreifen wieder zurückdrehen und in 8 Schnitten teilen. Auf den zweiten Streifen die Kaffeeoberscreme streichen, die geschnittenen Oberteile darauflegen und fertig portionieren.

Präsentation: 3 cm breite Papierstreifen auflegen (um Muster zu erreichen), das Ganze überzuckern und Papierstreifen wieder abziehen.

Zubereitungszeit: 70–75 Minuten.

Schwierigkeitsgrad: Ziemlich einfach.

Brombeeren auf Butterteig

20 Portionen:

Butterteig von 250 g Mehl
(s. S. 169)
Biskuitmasse von 2 Eiern
(s. S. 168)
200 g geschlagenes Obers
20 g Puderzucker
300 g entstielte, gewaschene
Brombeeren

Brombeermarmelade
Brombeerlikör
100 g Konditorcreme
oder Vanillepudding
50 g Gelee (Tortenguß)

Butterteig 2 mm stark ausrollen. Im Format 40 × 13 cm zwei Streifen auf ein nasses Backblech geben, mit einer Gabel stupfen, um ein zu starkes Schnurren zu vermeiden; den Teig eine halbe Stunde rasten lassen.

Den gerasteten Butterteig bei 200° C gut resch durchbacken. Auf 10 cm Breite abgleichen, in der Mitte etwa 8 cm breit heiße Brombeermarmelade aufstreichen. Einen 7 cm breiten, 1 cm hohen Biskuitstreifen auflegen. Mit Brombeerlikör aromatisieren, dünn mit Konditorcreme bestreichen, dicht mit schönen Brombeeren (Stengelseite nach unten) belegen, mit Gelee abglänzen. Obers mit Zucker aufschlagen.

Präsentation: Beidseitig das Schlagobers spiralförmig aufdressieren und in 4 cm breite Schnitten portionieren.

Zubereitungszeit: 95–100 Minuten.

Schwierigkeitsgrad: Ziemlich einfach.

Pfirsichtopfenschnitten

12 Stück:

etwa 150 g Mürbteig
(s. S. 168)
Topfenmasse:
330 g 10%iger Topfen
80 g Zucker
50 g Butter
13 g Vanillecremepulver
1 Ei
½ Zitronenschale
½ Päckchen Vanillezucker
1 Prise Salz
400 g geschälte Pfirsichspalten

30 g Biskuitbrösel (oder geriebene Biskotten)
Rahmguß:
40 g Dotter
20 g Zucker
½ Zitronenschale
½ Päckchen Vanillezucker
1 Prise Salz
50 g Eiklar
40 g Zucker
33 g Butterschmalz
80 g Sauerrahm
30 g Weizenpuder

Mohr mit schwarzer und weißer Schokoladensauce ▷
(Rezept S. 186)

Konditorei
Wien-Oberlaa

Mürbteig etwa 3 mm stark ausrollen, mit einer Gabel stupfen und in passende Form (etwa 18 × 22 cm) einlegen und halb backen.
Topfenmasse: Alle Zutaten glattrühren und auf den halbgebackenen Mürbteigboden geben.
Pfirsichspalten darauf verteilen und die Biskuitbrösel darüberstreuen.
Rahmguß: Dotter mit Zucker und Gewürzen schaumig rühren. Eiklar mit Zucker zu Schnee schlagen. Beide Massen sowie das flüssige Butterschmalz, den Sauerrahm und den Weizenpuder locker melieren. Auf die Pfirsichspalten aufstreichen und rund 1 Stunde bei 150° C backen.

Präsentation: In 2 × 6 Schnitten portionieren und leicht mit Puderzucker bestreuen.

Zubereitungszeit: 1 Stunde, 25–30 Minuten.

Schwierigkeitsgrad: Nicht ganz einfach.

◁ *Oben: Papagenotorte (Rezept S. 171)*
Unten: Gutenberg-Torte (Rezept S. 173)

Parfaits und Cremes

Marilleneisparfait »Wachau«

(Eisziegelform 30 × 8 × 7 cm)

Etwa 14 Portionen:

Fruchteinlage:
350 g Marillen
120 g Kristallzucker
Parfait:
3 Dotter
120 g Kristallzucker
10 g Vanillezucker
500 g geschlagenes Obers
10 g Rum
150 g geröstete, geschälte, geriebene Haselnüsse
14 Stamperln Marillenlikör
14 Hohlhippen (halbiert)
Kompottmarillenspalten

Fruchteinlage: Marillen in Wasser weichkochen, Zucker zugeben und mixen.
Parfait: Kristallzucker, Vanillezucker und Dotter mit ungeschlagenem Obers verrühren und 12 Stunden im Kühlschrank reifen lassen, Rum zugeben und wie Schlagobers aufschlagen.
Aufgeschlagene Masse mit dem Dressiersack in die Eisziegelform eindressieren, so daß der Boden bedeckt ist. Mit einem zweiten Dressiersack und kleiner, glatter Tülle Streifen von Marillenmark einfüllen. Parfaitmasse darüberdressieren und wieder Streifen von Marillenmark – so daß die beiden Massen wechselweise die Eisziegelform füllen. Tiefkühlen.

Präsentation: Vor dem Anrichten aus der Form nehmen, mit den Haselnüssen bestreuen, portionieren und auf vorgekühlte Teller legen. Pro Portion 1 Stamperl erstklassigen Marillenlikör darübergießen, mit geschlagenem Obers und Hohlhippen sowie einigen Kompottmarillenspalten fertig anrichten.

Zubereitungszeit: Etwa 1 Stunde ohne Rast- und Gefrierzeit.

Schwierigkeitsgrad: Ziemlich einfach.

Maroniparfait mit Ribiselsauce

8 Portionen:

Maroniparfait:
60 g Dotter
15 g Zucker
100 g Maronimasse
(s. Maronioberstorte, S. 180)
20 g Cherry Brandy
½ Päckchen Vanillezucker
60 g Eiklar
40 g Zucker
250 g geschlagenes Obers

Ribiselsauce:
150 g Ribiseln
150 g Crème de Cassis
50 g Zucker
Biskuitmasse von 1–2 Eiern
(s. S. 168)

Maroniparfait: Dotter mit Zucker, Vanillezucker und Maronimasse (etwas davon zur Dekoration übrig lassen) schaumig rühren; Cherry Brandy zugeben. Eiklar mit Zucker zu Schnee schlagen. Beide Massen mit dem geschlagenen Obers melieren und portionsweise in Förmchen oder in eine große Bombenform abfüllen. Tiefkühlen.
Ribiselsauce: Ribiseln mit Zucker kurz aufkochen, durch ein feines Sieb passieren, erkalten lassen und mit Crème de Cassis verrühren.
Große Form oder Förmchen auf einen etwa 1 cm starken Biskuitboden stürzen, mit Schlagobers einstreichen, reichlich »Maronireis« darübergeben. Dazu die restliche Maronimasse durch eine Kartoffelpresse oder Reibeisen drücken.

Präsentation: Parfait auf Teller mit der Sauce ringsherum anrichten und mit leicht gesüßtem Schlagobers dekorieren.

Zubereitungszeit: Etwa 1 Stunde, 20 Minuten.

Schwierigkeitsgrad: Einfach.

Karamelcreme

(Abb. S. 177)

12 Portionen:

Creme:
2 Eier
60 g Zucker
1 Päckchen Vanillezucker
1 Prise Salz
8 g Blattgelatine
450 g geschlagenes Obers

Karamelsauce:
300 g Zucker
$\frac{1}{8}$ l kochendes Wasser
150 g kochendes Obers
1 Päckchen Vanillezucker
Cherry Brandy
Biskotten
geschlagenes Obers
Cocktailkirschen

Eier, Zucker, Vanillezucker und Salz im Wasserbad erst lauwarm und dann kalt gut aufschlagen. Gelatine erst im kalten Wasser einweichen, dann ausdrücken und im heißen Wasserbad auflösen, schließlich in die Eiermasse einrühren. Sofort das geschlagene Obers einmelieren.
Karamelsauce: Den Zucker zu braunem Karamel schmelzen. Das kochende Wasser nach und nach zugeben und den Zucker unter Kochen damit auflösen. Das kochende Obers und den Vanillezucker zugeben und mixen. Auskühlen lassen.

Präsentation: Mit Cherry Brandy befeuchtete Biskotten in Sektschalen einlegen. Die Creme kuppelförmig eindressieren; die Karamelsauce um die Creme geben. Obenauf eine Schlagobersrosette und eine Kompott- oder Cocktailkirsche als Garnierung.

Zubereitungszeit: Etwa 50 Minuten.

Schwierigkeitsgrad: Relativ einfach.

Grießflammeri mit marinierten Erdbeeren

6 Portionen:

Grießflammeri:
250 g Milch
1 Päckchen Vanillezucker
1 Prise Salz
40 g Grieß
40 g Zucker
4 g Blattgelatine
250 g geschlagenes Obers

Marinierte Erdbeeren:
250 g entstielte, gewaschene Erdbeeren
Zitronensaft
Zucker
Maraschino
Kirschwasser

Marinierte Erdbeeren: Die Erdbeeren je nach Größe halbieren oder vierteln und mit Zitronensaft, etwas Zucker, Maraschino und Kirschwasser nach Geschmack für einige Stunden marinieren.
Grießflammeri: Milch, Vanillezucker und Salz aufkochen. Grieß ein- und weichkochen. Zucker sowie die eingeweichte, ausgedrückte Gelatine einrühren und auskühlen lassen. Vor dem Abstocken in das geschlagene Obers einmelieren.

Präsentation: Die Creme kuppelförmig in breite Gläser oder Glasschüsseln eindressieren, ringsherum die marinierten Erdbeeren einfüllen und mit leicht gesüßtem Obers garnieren.

Zubereitungszeit: Etwa 40 Minuten ohne Marinierzeit.

Schwierigkeitsgrad: Einfach.

Kaffeegebäck und verschiedene Desserts

Apfeltascherln

25 Stück:

Butterteig aus 800 g Mehl
(s. S. 169)
Apfelfülle:
1600 g geschälte, geschnittene Äpfel
200 g Zucker
100 g Rosinen
Zimtpuder
Zitronensaft
Fondant:
200 g Fondant oder
100 g Staubzucker für
Staubzuckerglasur
Rum
Marillenmarmelade

Butterteig etwa 2 mm stark ausrollen, mit ovalem Ausstecher 125 × 100 mm ausstechen. Blättrig geschnittene Äpfel mit etwas Zimt, Zucker nach Geschmack und Rosinen kurz überdünsten. Den Saft abseihen. Die Ränder der Teigstücke mit Wasser bestreichen, je 30 g Apfelfülle in die Mitte geben. Der Breite nach zusammenlegen, Ränder gut zusammendrücken, ohne die Schnittflächen zu deformieren. Tascherln auf ein Backblech setzen und eine Viertelstunde rasten lassen. Die Apfeltascherln bei etwa 200° C ca. 20 Minuten bei geschlossenem Backrohr backen.

Präsentation: Tascherln noch heiß zuerst mit kochender Marillenmarmelade und dann – ganz dünn und durchschimmernd – mit Fondantglasur abglänzen.
Dazu wird die entsprechende Menge Fondant auf etwa 40° C erwärmt, mit etwas Rum abgeschmeckt und mit Wasser zu dünnflüssiger Konsistenz gebracht oder Staubzucker mit Wasser breiig anrühren, mit Rum abschmecken und auf etwa 40° C erwärmen.

Zubereitungszeit: Etwa 3 Stunden (einschließlich Butterteig)

Schwierigkeitsgrad: Ziemlich einfach.

Powidltascherln

12 Portionen:

Erdäpfelteig:
500 g mehlige, gekochte, kalt passierte Erdäpfel
50 g Butter
200 g glattes Mehl
50 g Weizengrieß
2 Dotter
Salz

Powidlfülle:
200 g Powidl
50 g Rum
20 g Zucker
Zimtpuder

Butterbrösel:
140 g Butter
120 g Semmelbrösel
1 Päckchen Vanillezucker
Staubzucker zum Bestreuen

Erdäpfelteig: Alle Zutaten gut durcharbeiten, nicht rasten lassen. 5 mm dick ausrollen. Mit Ausstecher (∅ = 8 cm) ausstechen, mit Wasser bestreichen, Powidlfülle aufdressieren, zusammenklappen. In kochendes Salzwasser geben und etwa 6 Minuten langsam köcheln. Abschrecken und aus dem Wasser nehmen.
Powidlfülle: Alle Zutaten gut glattrühren.
Brösel: Semmelbrösel mit Vanillezucker in der Butter goldfarbig abrösten.

Präsentation: Tascherln in den Butterbröseln wälzen und leicht zuckern.

Zubereitungszeit: Etwa 55 Minuten.

Schwierigkeitsgrad: Einfach.

Weincremeroulade

12 Portionen:

Biskuitmasse von 3 Eiern	*80 g Zucker*
(s. S. 168)	*30 g Zitronensaft*
Weincreme:	*½ Zitronenschale*
130 g Weißwein	*400 g geschlagenes Obers*
70 g Dotter	*gehobelte Mandeln*
12 g Gelatine	*Puderzucker*

Biskuitmasse in der Größe 40 × 25 cm auf Schrenzpapier (speziell beschichtetes Papier, das kein Fett aufnimmt – hier kann man auch Backpapier verwenden) aufstreichen. Einige gehobelte Mandeln daraufstreuen, bei etwa 200° C ca. 40 Minuten flott backen und auf ein mit etwas Kristallzucker bestreutes Papier stürzen. Auskühlen lassen.
Das Papier, auf dem gebacken wurde, abziehen. Weincreme aufstreichen, und zwar so, daß diese der Länge nach zur Mitte etwas dicker aufgetragen wird.
Weincreme: Alle Zutaten außer dem Schlagobers im Wasserbad zu dicklicher Konsistenz abziehen, kaltschlagen und, wenn die Creme im Stocken begriffen ist, in das geschlagene Obers einmelieren.

Präsentation: Im Kühlschrank die Creme etwas anziehen lassen, dann die Roulade einrollen, so daß die Fülle vom Biskuit umhüllt wird. Portionieren, bezuckern und eventuell an der Oberfläche mit dem Bunsenbrenner abflämmen.

Zubereitungszeit: Insgesamt 80 Minuten.

Schwierigkeitsgrad: Einfach.

Weichselbombe in Crème Suchard

13 Portionen:

Masse:
180 g Rohmarzipan
25 g Wasser
100 g Dotter
Zitrone
Vanille
Salz
120 g Eiklar
100 g Zucker
25 g Maizena
65 g glattes Mehl
30 g Butterschmalz
150 g Amarenaweichseln
(oder Kompottweichseln, entkernt)

Crème Suchard:
4 dl Milch
80 g Zucker
15 g Vanillecremepulver
2 Dotter
70 g Tunkmasse
1 Päckchen Vanillezucker
1 Prise Salz
400 g Schlagobers
Tränke:
120 g Cherry Brandy
120 g Obstler
120 g Saft der Amarenaweichseln

Masse: Rohmarzipan mit Wasser glattarbeiten und mit Dottern und Gewürzen schaumig rühren. Eiklar mit Zucker zu Schnee schlagen, beide Massen mischen. Mehl, mit Stärkepuder versiebt, und zum Schluß die heiße Butter und die Amarenaweichseln einmelieren. In gebutterte, leicht gestaubte Portionsförmchen füllen. Bomben bei 185° C etwa 25 Minuten backen.

Crème Suchard: Das Vanillecremepulver mit etwas Milch und den Dottern verrühren. Restliche Milch mit Zucker, Vanillezucker und Salz aufkochen. Cremepulvermischung einrühren und gut durchkochen. Die Tunkmasse in der heißen Creme auflösen. Auskühlen lassen, passieren und in das halb geschlagene Obers einrühren. Die Creme soll eine fließende, lockere Konsistenz haben.
Tränke: Alle Zutaten gut verrühren.

Bomben aus dem Rohr nehmen und auskühlen, auf ein Gitter oder Sieb stellen und mit der Tränke solange übergießen, bis diese zur Gänze aufgenommen wurde.

Präsentation: Die durchtränkten Weichselbomben auf Dessertteller geben. Mit der Crème Suchard reichlich überziehen. Obersrosette und Weichseln (eventuell frische mit Stengeln) zum Dekorieren verwenden.

Zubereitungszeit: 70–80 Minuten.

Schwierigkeitsgrad: Ziemlich einfach.

Nußsoufflé-Krapferln mit zwei Saucen

(Abb. S. 177)

14 Portionen:

Soufflémasse:
125 g Eiklar
150 g Zucker
75 g geriebene Walnüsse
35 g glattes Mehl
Schokoladensauce:
100 g Tunkmasse
80 g Läuterzucker
200 g Schlagobers
Nougatsauce:
140 g Mandelkonfektnougat
200 g Schlagobers

375 g geschlagenes Obers zum Füllen

Soufflémasse: Eiklar mit Zucker zuerst warm, dann kalt, jedoch nicht zu stark ausschlagen. Die geriebenen Nüsse und das Mehl (miteinander vermischt) einmelieren. Holzbrett in Blechgröße gut befeuchten, Papier auflegen, nochmals befeuchten und 28 Krapferln aufdressieren und gut mit Puderzucker bestäuben.
Schokoladensauce: Das Schlagobers aufkochen, die geschnittene Tunkmasse darin auflösen, den Läuterzucker (= Zucker und Wasser zu gleichen Teilen kurz aufgekocht) zugeben.

Nougatsauce: Schlagobers aufkochen, den Nougat darin auflösen.
Je nach dem Grundmaterial ist für beide Saucen das Schlagobers mit Vorsicht zuzugeben, damit diese nicht zu dünn werden. Daher etwas Obers zurückbehalten und nach Bedarf, wenn nötig, noch verdünnen. Beide Saucen auskühlen und zu sämiger Konsistenz anziehen lassen.
Bezuckerte Krapferln bei 150° C backen, bis sie sich vom Papier abheben lassen. Sie sollen dabei keine Farbe annehmen und an der Unterseite sehr weich und saftig sein.

Präsentation: Auf Dessertteller je zur Hälfte die beiden Saucen geben. Die Hälfte der Krapferln mit der flachen Seite nach unten in die Sauce stellen, mit Sterntülle leicht gesüßtes, geschlagenes Obers aufdressieren und die restlichen Krapferln daraufsetzen.

Zubereitungszeit: Etwa 1 Stunde, 15 Minuten.

Schwierigkeitsgrad: Relativ einfach.

Erklärung der Wiener Küchenausdrücke sowie des »Fachchinesisch« der Berufsköche

In diesem Buch wurden bewußt und absichtlich die Fachausdrücke der Wiener Küchensprache verwendet, die Ausdrücke, unter denen die Hausfrau das gewünschte Rohprodukt auf den Märkten oder in den Geschäften erhält. Vielen Bundesdeutschen, vor allem aus Bayern, aber auch aus Baden-Württemberg, jedenfalls aber südlich des »Weißwürsteläquators«, aber auch der Mehrzahl der Deutschschweizer sind diese Begriffe bekannt, wenn auch bei ihnen zu Hause nicht immer geläufig.

Wenn auch die Zahl der Leser dieses Buchs aus der Bundesrepublik – hoffentlich – die Zahl der österreichischen Leser weit übersteigen wird, so wurden doch die Wiener Fachausdrücke beibehalten, weil alle diese Rezepte aus Wien stammen und weil – z. B. »Aprikosenklöße« oder ein »Eisbein mit Sauerkohl« für den Wiener wie eine mutwillige Verfälschung klingt.

Die Wiener Küchenausdrücke sind ja weder durch Zufall entstanden, noch wurden sie als bewußte Abkapselung von der deutschen Schriftsprache kreiert, sondern sie entstanden im Laufe der Jahrhunderte, in denen Wien die Metropole eines Vielvölkerstaats mit slawischen, italienischen und ungarischen Provinzen war. Händler auf den Wiener Märkten, aber auch ein Großteil des Wiener Küchenpersonals kamen aus diesen Provinzen, und die dort üblichen Ausdrücke wurden mit deutschen Endsilben und deutscher Rechtschreibung versehen und damit regelrecht eingedeutscht.

Daneben finden Sie in diesem Abschnitt auch eine Reihe von Fachausdrücken, die Köchen aus der Bundesrepublik oder der Schweiz ebenso geläufig sind wie österreichischen Berufsköchen, nur viele Hausfrauen wissen damit nichts anzufangen. Um nicht zwei getrennte »Wörterbücher« hier einzugliedern, wurden auch sie in dieses Kapitel integriert. Sollten Sie sich also – aus welchem Grund immer – bei einem Wort nicht auskennen, suchen Sie es hier. Ich hoffe, Sie werden es finden. Ich habe mir jedenfalls alle Mühe gegeben.

Abschrecken	Kurz mit kaltem Wasser überspülen.
Abtreiben	Innig verrühren.
Abziehen	Legieren.
Angler	Seeteufel.
Aromaten	Gemüse und andere Würzzutaten.
Backhendl	Stubenküken.
Beizen	Marinieren.
Beisel	Lokal/Kneipe.
Beuschel	Lunge/Lungenhaschee.
Blanchieren	Überbrühen, auch kurzes Kochen, z. B. von Gemüsen.
Blunzen	Blutwurst.
Bouquet garni	Kräutersträußchen (normalerweise bestehend aus Petersilienstengel, Lorbeerblatt, Thymian).
Bries(rose)	Kalbsmilch.
Broccoli	Spargelkohl.
Brösel	Krümel/geriebene Brötchen.
Butterschmalz	Durch Auslassen gewonnenes Butterfett.
Butterteig	Blätterteig.
Cassis	Likör von schwarzen Johannisbeeren.

Chaudeau	Weinschaumsauce/Sabayon.
Corail	Geschlechtsteile von Krusten- und Schalentieren (sehr wohlschmeckend).
Court Bouillon	Sud, vor allem für Fische, Krusten- und Schalentiere.
Crème double	Doppelt-dicke Sahne; kann eventuell selbst hergestellt werden, indem man normale süße Sahne mit Sauerrahm vermischt und über Nacht stehen läßt.
Dampfl	Hefevorteig.
Dotter	Eigelb.
Dressieren	Einer Masse mittels Spritzsack und Tülle eine hübsche Form geben, aber auch Einzelteile einer Speise an den richtigen Platz setzen bzw. ansprechend anordnen.
Dünsten	Dämpfen.
Eierschwammerln	Pfifferlinge.
Eiklar	Eiweiß.
Einbrenn(e)	Mehlschwitze.
Erdapfel	Kartoffel.
Faschieren	Durch den Wolf drehen.
Fisolen	Grüne Bohnen.
Fleuron	Gebäckstückchen aus Blätterteig, meist halbmondförmig.
Fogos	Zander/Schill.
Fond	Sauce, die beim Braten, Dünsten oder Schmoren von Fleisch entsteht oder speziell angesetzt wird (s. Rezepte ab S. 161).
Geflügeljunges	Geflügelklein.

Geklärte Butter	Butter langsam im Wasserbad erhitzen, bis sich die Molke absondert. Nach etwa ¼ Stunde die Molke mit einem Schöpfer abheben.
Gelbe Rüben	Möhren/Mohrrüben.
Germ	Hefe.
Geselchtes	Geräuchertes.
Glace	Sehr stark eingekochter Fleisch- oder Fischfond, der fast schon geliert.
Glacieren	Etwas in einer gezuckerten, leicht karamelisierenden Sauce garen und dabei damit überziehen, z. B. junge Zwiebeln, Karotten oder Rübchen.
Gratinieren	Im Ofen oder im Grill bzw. Salamander überbacken, bis sich eine goldbraune Kruste bildet.
Gupf	Häufchen.
Häuptelsalat	Kopfsalat.
Heurige	Frühkartoffeln.
Holler	Holunder.
Julienne	In feine, gleichmäßige Streifen geschnitten.
Jungfernbraten	Schweinslungenbraten.
Jus	Beim Braten von Fleisch oder Geflügel austretender Saft, der beim Abkühlen geliert bzw. dicklich wird. Kann wie Fond auch aus Fleischresten und Knochen hergestellt werden.
Kalbsschlepp	Schwanzstück vom Kalb.
Karfiol	Blumenkohl.

Karotten	Frühmöhren; kurze, am Ende abgestumpfte, runde Form.
Karree	Rippchen.
Kernöl	Kürbiskernöl.
Kipfe(r)l	Hörnchen.
Kipfler	Längliche, feste (speckige) Kartoffel – für Salat.
Klare Suppe	(Fleisch-)Brühe.
Knödel	Klöße.
Kohl	Wirsing.
Kohlsprossen	Rosenkohl.
Konditorcreme	Eine aus Milch, Stärkemehl, Zucker und Eigelb gekochte Creme, die z. B. mit Vanille aromatisiert werden kann Nur ersatzweise Vanillepudding verwenden!
Krapferln	Pfannkuchen/Plätzchen/Krapfen.
Kraut	(Weiß-)Kohl.
Kren	Meerrettich.
Marillen	Aprikosen.
Maroni	Edelkastanien.
Melieren	Vermischen.
Milchtunkmasse	Schokoladetunkmasse und Milchpulver.
Montieren	Eine Sauce oder einen Fond aufschlagen; Butter sollte eiskalt in Flöckchen mit dem Schneebesen eingerührt werden.
Moosbeeren	Bis kirschgroße Preiselbeerenart.
Mousseline	Masse oder Sauce von leichter, schaumiger Konsistenz.
Muskatkürbis	Kürbisart mit Muskatgeschmack.
Nappieren	Mit (dickflüssiger) Sauce überziehen.

Neugewürz	Piment.
Obers	(Süße) Sahne.
Palatschinken	Eierkuchen, dünne Pfannkuchen bzw. Crêpes.
Panieren	In Mehl, Ei und Bröseln wälzen.
Paprizieren	Mit Paprika bestäuben.
Paradeiser	Tomaten.
Parfait	Eisspeise auf der Basis von Eigelb und Milch bzw. Sirup von 28° Baumé.
Parüren	Abfälle, die beim Zurechtschneiden des Fleisches entstehen.
Pochieren	In nicht wallendem Wasser garen.
Poêlieren	Dünsten.
Porree	Lauch.
Powidl	Pflaumenmus auf böhmische Art.
Püree	Mus/Brei.
Rahm	Saure Sahne.
Reduzieren	Saucen oder Fonds einkochen, damit sich die Konsistenz verdickt und das Aroma verstärkt.
Reißen	Raspeln (z. B. Kren).
Resch	Knusprig.
Ribiseln	Johannisbeeren.
Rostbraten	Rippenstück/Hochrippe.
Rote Rüben	Rote Bete.
Rotkraut	Rotkohl.
Sabayon	Weinschaum.
Saft	Brühe/Tunke.
Salamander	Ein fast ausschließlich in Restaurants verwendetes Gerät mit einer Heizschlange, unter der Gerichte kurz und effektvoll gratiniert werden können.
Sauerrahm	Saure Sahne.

Sautieren	Bei starker Hitze rasch anbraten, damit das Bratgut hüpft (sauter = hüpfen) und nicht ruhig auf dem Pfannenboden liegen bleibt; auch kräftiges Schwenken, etwa von Gemüsen, die sich noch mit Butter etc. überziehen sollen.
Schilcher	Steirischer Rosé/Schillerwein.
Schill	Zander.
Schlagobers	Schlagsahne.
Schmalz	Schweinefett.
Schmolle	Krume.
Schnurren	Das Schrumpfen eines Teiges.
Schöberl	Suppeneinlage (Teigrhomben mit Kräutern).
Schokoladentunkmasse	Kuvertüre.
Schwammerln	Pilze.
Schwarze Ribiseln	Schwarze Johannisbeeren, Cassis.
Schweinshaxen	Schweinsfüße.
Schweinsnetz	Eingeweidehaut des Bauchfells (als Garhülle verwendbar).
Schweinsstelze	Eisbein.
Seeteufel	Angler.
Seihen	Durch ein Sieb streichen, passieren.
Selchen	Räuchern.
Semmeln	Weißbrötchen.
Semmelbrösel	Paniermehl.
Semmelkren	Meerrettich auf Basis von Weißbrötchen.
Senf	Mostrich.
Serviettenknödel	Großer Semmelknödel, der in einer Serviette gegart und vor dem Servieren in Scheiben geschnitten wird.
Sorbetière	Eismaschine.

Spatzen	Spätzle.
Stamperl	Kleines Schnapsglas.
Stangensellerie	Bleichsellerie.
Stanitzel	Tüte.
Staubzucker	Sehr fein gemahlener Weißzucker, in dem keine kristalline Struktur mehr fühlbar ist. Kann jedoch durch Raffinade S. bzw. Puderzucker ersetzt werden.
Stelze	Unterschenkel des jeweils genannten Schlachttieres.
Strudel	Zusammengerolltes Backwerk.
Stupfen	Mit der Gabel Löcher in einen Teig stechen, damit die Luft entweichen kann und sich keine Blasen bilden.
Sulz	Sülze.
Tafelspitz	Hüftstück (nur in Ländern des ehemaligen Österreich-Ungarn zu erhalten).
Tarhonya	Ungarische Eiergraupen.
Timbale	Kleiner Auflauf (etwa bechergroß).
Topfen	Quark, Weißkäse.
Tournieren	Gemüse auf eine dekorative Form zurechtschneiden.
Tranchen	Scheiben.
Tränke	Alkoholische Flüssigkeit zur Befeuchtung der Masse.
Tunkmasse	Kuvertüre.
Vinaigrette	Salatsauce aus Essig und Öl, evtl. mit Senf.
Vogerlsalat	Rapunzel-, Feldsalat.
Wachauer Laibchen	Brötchen aus dunklem Mehl.

Waller	Wels.
Wannerl	Geflügelinnereien.
Wecken (Brot-)	Länglicher Brotlaib.
Weichseln	Sauerkirschen/Amarellen.
Wurzelwerk	Suppengrün/Suppengemüse.
Zuckersirup (Läuterzucker)	1 Teil Zucker mit 1 Teil Wasser aufkochen (hat 28° Baumé).
Zwetschken	Pflaumen/Zwetschen/Zwetschgen.
Zwetschkenröster	Zerkochtes Kompott aus entkernten Pflaumen.

Index der Rezepte

Zur leichteren Auffindbarkeit aller Rezepte, auch der der Beilagen, wurden diese in den Index aufgenommen, mit einem Hinweis auf das Hauptgericht, zu dem sie gehören. Steht ein Eigenschaftswort am Anfang des Namens eines Gerichts, so ist die Speise auch alphabetisch unter dem Hauptwort mit einem Rückhinweis enthalten.
Dieses Buch kann weder noch will es ein vollständiges – oder auch nur nahezu vollständiges – Verzeichnis aller Rezepte der *NWK* sein, die auf den Speisekarten der »Neun« aufscheinen; dazu müßte es den vielfachen Umfang haben. Ich habe verzichtet, z. B. das Rezept eines gekochten (gesottenen) Rindfleisches in die Sammlung aufzunehmen, denn gesottenes Rindfleisch wird in allen Küchen des Abendlandes gleich gemacht. Ich habe aber das Tafelspitzrezept, wie es etwa im »Sacher«, dem klassischen Lokal der Welt für Tafelspitz verwendet wird, in der Einleitung zum Kapitel: »Klassische Wiener Gerichte, nach Art der NWK zubereitet« wiedergegeben. Ich bitte alle Hausfrauen, die das lesen, es nicht als Zumutung aufzufassen. Ich weiß, sie können Rindfleisch kochen – auch ohne dieses Rezept. Allerdings ist die Teilung der Schlachttiere, vor allem des Rindes, von Staat zu Staat völlig verschieden, so daß man z. B. einen Tafelspitz außerhalb Österreichs kaum käuflich erwerben kann. Das gilt auch für eine Reihe anderer spezifischer Gerichte der klassischen Wiener Küche, wie Rostbraten oder Bruckfleisch. Man kennt diese Teilung außerhalb Österreichs kaum. Und die meisten klassischen Wiener »Mehlspeisen« wie Kaiserschmarren oder Zwetschkenknödel oder die böhmischen Germteigmehlspeisen enthalten soviel Mehl und Butter, daß man auf sie die Grundsätze der *NWK* beim besten Willen nicht anwenden kann.

Index der Rezepte

A

B

C

E

F

G

H

I

J

K

L

M

N

P

Q

R

S

T

U

W

Z